"十四五"高等教育课程改革新形态教材
江苏省高等学校重点教材 （编号：2021-2-180）

江苏高校哲学社会科学重点研究基地"苏北农业农村现代化研究院"
江苏高校哲学社会科学研究重点项目（2018SJZDI080）   联合资助
盐城市重点智库"盐城城乡融合发展研究院"

苏北乡土地理数字教程

主　编　李传武
副主编　王　亮　朱天明

◎ 线上课程
◎ 视频学习
◎ 拓展阅读
◎ 互动交流

微信扫码

南京大学出版社

图书在版编目(CIP)数据

苏北乡土地理数字教程 / 李传武主编. — 南京 ：
南京大学出版社，2023.10
ISBN 978-7-305-26316-3

Ⅰ.①苏… Ⅱ.①李… Ⅲ.①乡村地理—苏北地区—
教材 Ⅳ.①K925.3

中国版本图书馆 CIP 数据核字(2022)第 230482 号

出版发行 南京大学出版社
社 址 南京市汉口路 22 号 邮 编 210093
书 名 **苏北乡土地理数字教程**
SUBEI XIANGTU DILI SHUZI JIAOCHENG
主 编 李传武
责任编辑 刘 飞 编辑热线 025-83592146
照 排 南京开卷文化传媒有限公司
印 刷 南京鸿图印务有限公司
开 本 787 mm×960 mm 1/16 印张 12.75 字数 220 千
版 次 2023 年 10 月第 1 版 2023 年 10 月第 1 次印刷
I S B N 978-7-305-26316-3
定 价 39.00 元

网 址:http://www.njupco.com
官方微博:http://weibo.com/njupco
官方微信号:njupress
销售咨询热线:(025)83594756

序

　　乡土地理是地理学重要内容之一。捷克著名教育家夸美纽斯强调学生的地理学习从乡土地理开始。即要求学生的地理学习应从家乡及周围的环境开始,然后向外扩展,再学习中国和亚洲的地理,最后学习世界地理,因此,乡土地理教材是重要的教学载体。

　　我国乡土地理可以上溯到 1904 年清朝政府公布的《奏定学堂章程》,1905 年《乡土志例目》作为全国编纂乡土教材的指导方案,指出:"初等小学堂学科,于历史则讲乡土之大端故事及古地古先名人之事实;于地理则讲乡土之道里、建置及本地先贤之祠庙、遗迹等类⋯⋯然必由府、厅、州、县各撰乡土志,然后可以授课",目的是"养成其爱乡土之心"。清光绪三十二年(1906 年)起陆续出版了乡土地理教科书,由上海国学保存会编辑印行。目前,国内乡土地理教材编写多属于传统方法,教材内容的指向性较弱,新理念、新思想、新方法更新较慢,面向高校、科研院所,系统反映苏北地区的乡土地理教材仍十分缺乏。

　　中国正步入数字化时代,教育和教材数字化改革迫在眉睫,数字化教材有别于传统纸质教材,它结合信息技术将多种富媒体资源融入传统纸质教材,能给读者提供移动化、立体化、直观化的阅读体验,同时要满足学生对资源多元化、生动性、趣味性和丰富性的需求。这类教材的出版对于适应新时期高校地理教育信息化教学改革,让学生更好认识苏北、研究苏北,对建设"富强美高"新江苏,不仅是必要的,而且是迫切的。

　　很高兴看到盐城师范学院李传武教授主编的《苏北乡土地理数字教程》正式完成,该教材是苏北这一独特地理区域的第一本乡土地理教材。苏北区域地处黄淮海平原,有我国第一块潮间带湿地世界遗产黄(渤)海候鸟栖息地(第一期),填补了我国滨海湿地类型世界自然遗产空白。有丹顶鹤和麋鹿两大国家级自然保护区、典型的基岩海岸和淤泥质海岸、苏北黄河故道、淮河入海通道、淮河地理分界线、洪泽湖、里下河、大运河、苏北农场、海盐文化、新四军文化、淮剧文化等各种资源,区域自然资源和人文资源具有独特性和地方垄断性。

该教材不仅立足苏北自然和人文地理特征,具有专业的地理属性,同时融入了教育教学内涵和思政元素,使内容承载了立德育人的属性。该教材主要面向高校地理科学师范专业学生,教材的目标指向科学、全面、合理,在教学使用过程中可以促进高校大学生了解苏北乡土区域地理特征,深化学生的地理科学理论与实践结合的认知,培养学生地理专业思维和核心素养,厚植学生爱祖国爱家乡的情感。此外,该教材案例丰富,非常适合高校师范专业类的学生掌握乡土地理课程的开发技术规程,对未来教师在教育教学工作中开发特定区域的乡土地理教材和校本教材,具有一定的指导意义;对研究苏北地区的高校及科研院所的研究人员,也有重要参考价值。

教育部地理科学类专业教学指导委员会副主任
江苏高校地理学学科联盟理事长
南京师范大学地理科学学院教授

汤国安

前　言

　　数字教程是以国家课程标准为依据,以传统纸质教科书为蓝本,以信息化环境下教学的新需求为目标,利用信息化技术手段,集教材、资源、工具、数据等于一体的立体化教材。作为信息化环境下教学的新媒体,数字教程能够指导教师在新课程理念下完成教学任务,为培养学生自主学习、探究学习提供更多的资源保障,进而引领和推动课堂教学变革。

　　地理学作为普通高等学校的一门重要学科,如何将地理学内容通过数字化形式呈现已成为当下高校地理教学的热点和难点。捷克著名教育家夸美纽斯强调学生的地理学习必须从乡土地理开始,即从学生的家乡及周围的环境开始,然后向外扩展,从而认识世界地理。乡土地理是地理学重要的研究领域之一,乡土地理教程是重要的教学载体。义务教育地理课程标准提倡把乡土地理教程的编写纳入地方课程开发,形成了更多具有地域特色的乡土地理教程,对促进学生全面发展起到了重要的推动作用。然而,当前流行的乡土地理教程主要面向中学生,面向大学生的乡土地理教程较为欠缺,相关的数字教程更为匮乏。苏北(江苏北部地区)位于长江三角洲地区北翼,包含黄淮海平原、苏北黄河故道、淮河入海通道、洪泽湖、里下河、大运河和全球典型淤泥质海岸湿地等地理元素,地区自然资源和人文资源独特且多样,区域统计调查和数字化资源丰富,是开展乡土地理数字教学的理想场所。

　　本教程将聚焦于苏北这一独特地理区域的乡土地理元素,结合自然和人文地理特征,融入教学题材、思政内涵和数字资源等方面,注重新技术、新方法、新观点,利用专业数字平台进行教学,运用数字媒体将教学内容多角度、全过程进行展示,共分十一章进行介绍,即典型冲积平原(黄淮海平原);典型次生黄土地貌(黄河故道);中国南北地理分界线(淮河入海通道);中国第四大淡水湖(洪泽湖);苏北洼地锅底(里下河);南北水运大动脉(大运河);全球典型淤泥质海岸湿地(世界自然遗产地);沿海发展增长极(沿海大开发);我国南北文化交融地(苏北文化);长三角的粮仓(苏北农场);苏北美好人居(美丽乡村)。

本教程以人地关系为主线,强调小区域典型区域案例研究,通过现象看本质,阐述苏北地域系统的过程和机理,并提供情境教学和实地调查等丰富的数字资源,顺应了信息时代教学资源类型多样的特点,同时满足了学生对资源多元化、生动性、趣味性和丰富性的需求,适用于高等学校地理科学类学生。本教程丰富了乡村地理数字教程方面的内容,有助于高等学校地理科学类学生掌握乡土地理课程的开发技术规程,对未来教师在教育教学工作中开发特定区域的乡土地理教程具有一定的指导意义,对研究苏北地区的学者也有重要参考价值。

本教程由盐城师范学院李传武教授担任主编,由盐城师范学院王亮副教授和朱天明副教授担任副主编,并得到盐城师范学院蒋超、胡浩、丁宬宇、蔡顺等老师大力支持和帮助,在此深表谢意。感谢江苏高校哲学社会科学重点研究基地"苏北农业农村现代化研究院"、江苏高校哲学社会科学研究重点项目(2018SJZDI080)和盐城市重点智库"盐城城乡融合发展研究院"等对本教程的共同资助。鉴于苏北乡土地理数字教程涉及面广、理论研究和应用案例发展迅速,在写作过程中,本书还参阅国内外已出版专利、专著和专业期刊等,吸取了许多专家学者宝贵经验,在此一并感谢。限于作者的水平,书中难免有不妥或谬误之处,恳请读者批评指正。

编　者

2023 年 8 月

目　录

第一章

典型冲积平原

——黄淮海平原

黄淮海平原的特色

　　黄淮海平原是黄河、淮河、海河流域平原的简称,位于中国东部,周缘被太行山、燕山、伏牛山、泰山等山脉环绕,东临黄海和渤海,面积约 3.0×10^5 km²[图 1-1(a)]。黄淮海平原的形成是晚中生代以来青藏高原崛起导致中国地形倒转的结果。晚中生代之前,中国大陆地形"东高西低",东部为高原或者高山地形;晚中生代以来,青藏高原隆起,地形反转,西部古特提斯海海相地层逐渐消失,并剧烈隆升、遭受剥蚀以致荒漠化;新生代早期,太行山以东的中国东部发育了多个断陷盆地,盆-岭地貌出现,相关的河湖相沉积局限于盆地之中;晚新生代以来,尤其是中新世以来,中国东部整体沉降,沉积大量河湖相沉积物,黄淮海平原逐步形成[图 1-1(b)]。

　　黄淮海平原的产区位于太行山和豫西山地以东,淮河以北,长城以南,包括山东省、天津市的全部,河北省、河南省和北京市的大部,以及安徽、江苏两省的北部。晚新生代以来,青藏高原的隆升导致中国地貌格局、古气候系统及晚新生代沉积体系发生了巨变。青藏高原以东至边缘海的广大区域形成了统一水系,巨量的沉积物被搬运至中国东部,连续堆积形成黄淮海平原。太行山的隆升、边缘海陆架的沉降、黄河的贯通及晚第四纪大规模的海侵等,都深刻改造了黄淮海平原的自然环境。对晚新生代黄淮海平原形成发育的构造地貌过程、黄河贯通和晚第四纪海侵等重大事件的研究现状进行综合分析后认为:① 青藏高原隆升是黄淮海平原当今地貌及海陆格局形成的根本原因;② 黄河贯通对黄淮海平原地表过程、水系演化及源-汇体系带来了深远影响;③ 沿海地区晚更新世以来 3 次重要的海侵事件及相关的海陆相互作用,不但造成了沉积环境的变化,还形成了下切河谷特殊的地貌景观;④ 晚新生代黄淮海地区重大地质事件的时间节点是中新世和晚第四纪。

　　黄河是世界上含沙量最大的河流,每年输入海洋的泥沙量达 $1.0 \times$

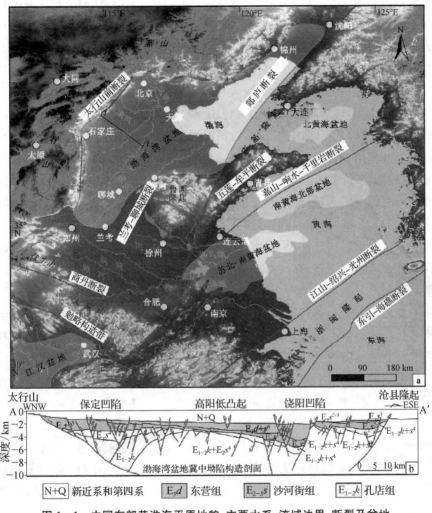

图1-1　中国东部黄淮海平原地貌、主要水系、流域边界、断裂及盆地

10^9 t,占全球河流向海洋输沙总量的5%。我国经过多年的治理,近年来输沙量虽然有所下降,但每年仍有2.0×10^6 t。黄河携带的泥沙一部分沉积在平原,塑造了广泛的堆积地貌,成为平原地貌塑造的主要动力,深刻影响了黄淮海平原的地形地貌、沉积过程及地表过程;另一部分输送到海洋,在河口建造了黄河三角洲,形成了中国东部海岸地貌,奠定了如今中国东部的海陆分布格局。黄河形成的大冲积扇对平原的形成起主导作用。黄河贯通进

入黄淮海平原,由于河流坡降、流速骤降,搬运能力下降,黄河从黄土高原携带的大量泥沙沿程沉降。在西起孟津、东至鲁西、北京津、南至江淮的广大地区,重塑了古冲积扇、老冲积扇和现代复合冲积扇,扇体呈放射状分布,面积占到整个平原的2/3左右。黄河冲积扇的形成对黄淮海平原地貌格局形成及平原地貌的复杂性起到巨大作用。黄河贯通之前,平原沉积物主要来自周缘山地,地貌形态主要是太行山、燕山、伏牛山山前的一些小型冲洪积扇,广大平原地区湖泊洼地广布;黄河贯通之后,随着冲积扇的不断扩展,以及古冲积扇、老冲积扇和现代复合冲积扇的形成,平原低洼部分基本被填平,仅局部洼地尚残留湖泊。目前,黄淮海平原地势大体以桃花峪为顶,以郑州—兰考一线为轴,地势向北东、南东倾斜,平原地势向东降低,地面坡降由顶端的1/2 000~1/3 000降到末端的1/7 000~1/8 000。伴随冲积扇的发育及黄河河道的迁移,冲积扇扇面不断升高,扇体之上有古河道、决口扇、河道洼地等地貌广布,在风力作用下形成独特的岗、坡、洼等微地貌,平原地貌形态逐渐复杂化。黄河三角洲是黄河贯通进入黄淮海平原之后形成的又一重要地貌类型。黄河贯通进入黄淮海平原,随着下游不断改造迁徙,在渤海和黄海入海口处普遍发育三角洲叶瓣,渤海湾西岸残存的四道贝壳堤和苏北平原的三道沙堤,是不同时期三角洲平原稳定的痕迹。三角洲的形成与发展促使黄淮海平原不断扩展,岸线不断外延。在黄河改道原河道废弃后,岸线遭受侵蚀,如图1-2和图1-3所示。

黄淮海平原地处黄河下游地区,全区除山东丘陵外,绝大部分是海拔在100 m以下的冲积平原。其地域广阔、地势平坦、土层深厚、土质肥沃、耕地集中连片,大多为耕垦熟化后的潮土,地下水资源也相当丰富,有利于果树种植。黄淮海平原属暖温带季风气候,夏季高温多雨,冬春寒冷干燥,光热资源丰富。全区太阳辐射量为120~140 kcal/cm^2,日照时数为2 290~3 100 h,年平均气温11~14℃,≥10℃积温为3 800~4 600℃,无霜期为175~220天,适宜多种落叶果树生长。本区果树栽培历史十分悠久,生产基础好,人口稠密,水能够源源不断输送到北京、天津以及全国其他各大城市,市场广阔。

本区果树栽培的主要特点:① 种类多,资源丰富。据调查,栽培、半栽培和野生果树资源约有近百种,分34属,16科。栽培的果树主要有苹果、梨、桃、葡萄、枣、柿、板栗、核桃等,其中有不少地方的良种在全国果品生产

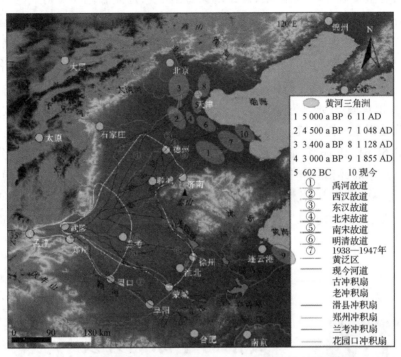

图1-2 黄河贯通、冲积扇的形成及三角洲的发育(后附彩图)

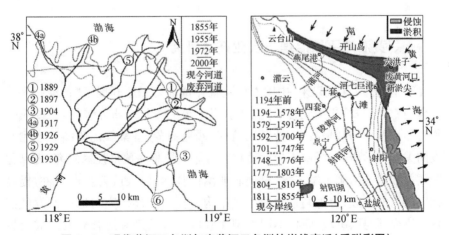

图1-3 现代黄河三角洲与废黄河三角洲的岸线变迁(后附彩图)

中占有重要地位,如莱阳梨、砀山酥梨、肥城桃、沧州金丝小枣等。② 面积大,产量多,地位重要。据统计,现有果园面积占全国的 35％,产量占全国的 42％,居全国之冠,是我国落叶果树的最大生产基地。盛产的苹果、梨、枣、柿子分别占全国的 55％、62％、79％和 49％,是本区的四大果品,驰名中外。其次,本区出产的桃、板栗、葡萄等在全国也占有举足轻重的地位。③ 种植普遍,产地相对集中。本区从滨海到内地,从平原到低山、丘陵,几乎到处都有果树栽植,分布甚广。山东、河北两省果园面积和产量分别占全区的 68.6％和 76％,如山东苹果是我国最大的苹果生产基地,多集中分布于山东半岛;河北盛产的梨,约占全区的 39％,其中的 75％集中于冀中、冀南。此外,横跨山东、河南和皖北、苏北的黄河故道,也是本区 20 世纪 50 年代新发展起来的水果生产基地,是苹果、梨、葡萄的主产区,在全国占有重要地位。

第二节　黄淮海平原的开发

一、黄淮海平原治理与农业开发研究

20 世纪 50 年代以来,中国农科院就在黄淮海平原开展了"黄淮海平原治理与农业开发"科学试验研究,并取得了重大成果。研究包括:主要农作物的品种选育和栽培技术、盐碱地植棉、沙地葡萄、蚕桑等优质高产产品开发的关键技术研究;区域水盐运动和旱涝盐碱的监测预报技术研究;提高化肥效益和快速培肥土壤技术;旱地农业增产技术,以及改善生产条件,提高抗灾能力的研究;合理调整农业生产结构和作物布局研究与地区开发经济效益研究;陵县、禹城、商丘不同类型实验区综合治理和综合开发的成套技术设计和生产性试验研究。这些研究促进了黄淮海平原的经济建设,推动了黄淮海平原农牧林相结合大面积综合治理的发展,显示了综合治理的优

势。在此,将这项研究的核心内容展示出来,如图 1-4 所示,作为一个区域治理与农业开发的范例,同时也可以看到区域自然条件、农业开发的核心问题,以及调整农业结构的相互关系。

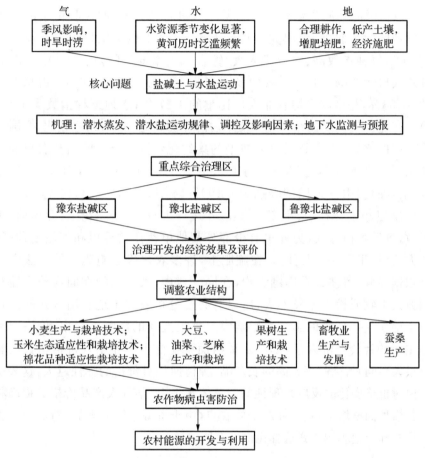

图 1-4　黄淮海平原治理与农业开发的研究框架

随着人口增加与经济发展对土地资源的压力越来越大,人们也越来越关注土地资源的状况与管理。土地质量及其变化除了受地形、地貌、气候等大尺度因子影响外,还受农户行为的影响。在某个区域范围内,如果其地形、气候条件差异不大时,农户行为是土地质量状况及变化的最主要和最直接的影响因素。在市场经济环境下,农户生产决策(实质

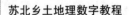

上是土地利用行为)是根据生产资料和农产品价格变动做出的,它以农户自身可能获得的经济效益为依据。其生产决策对土地质量的影响主要通过土地利用方式的选择和经营投入的行为,对土地质量和环境发生影响。

以黄淮海平原集约化农业区县——曲周县为例,曲周县位于河北省邯郸地区的东北部,为黑龙港地区上游,该区土地利用呈现出农业人口多、土地复种指数高、农业投入大、综合产出率低等特点。2000 年,曲周县总人口达 3.84×10^5 人,其中乡镇农业人口为 3.642×10^5 人,占总人口的 94.38%,是全国平均农业人口比重的 1.37 倍;土地复种指数为 1.65,第一产业产值在国民经济总产值中占的比例高达 69%,与之相比,全国的第一产值比为 38%,该县具有典型的集约化农区特点。曲周县农户的土地利用方式是以小麦-玉米为主(1994 年、1995 年、1997 年和 1999 年小麦-玉米的利用方式比例分别为 43.99%、45.98%、72.75% 和 58.17%),同时辅以小麦—谷子、小麦—棉花、小麦—大豆、小麦—花生、春播棉、果树、蔬菜等种植方式,另外也有少部分其他单茬作物种植和其他复种、间作方式(这里归并为其他)。在施肥上,许多农户确定施肥量的方法主要是根据经验、习惯或看周围农户,在同一村内,农户之间在同样的土地利用方式上物质投入差异不大,所以有必要分析农户土地利用方式的选择对土地质量与环境的影响。影响农户种植选择的影响因素中,价格因素是主要的社会经济因素(如小麦种植面积比受上一年小麦价格指数的影响很大),同时,商品率越高的农产品,种植面积对价格的弹性越大,这表明农民对价格变化的反应是理性的。总体水平上,某种农产品价格的提高将使其播种面积增加;然而针对个体农户,由于资源禀赋的差异,造成农户生产目标和土地利用方式选择比例上有所差异。

二、黄淮海平原水盐运动的一般特征

水分在陆地表面以"降水—径流(地表和地下)—蒸散"和"入海"的形式不停地循环和运动着,可溶性盐类的运动基本上是在水运动的影响和控制下进行的。在半湿润季风气候,特别是降水的影响下,黄淮海平原的水盐运动有如下特征:

首先,多年年均参与黄淮海平原水循环的水量为 $2.972×10^{11}$ m³,75%的水分以蒸散形式排出,25%的水自黄河、淮河、海河、滦河等河径流入海。水分中的 55% 是以"入渗—贮存—蒸散"的形式和过程直接在"土壤-植物-大气系流"中转化循环。19% 的水分是经土壤补给地下水,然后通过土壤(毛管上升和开采灌溉)而蒸散。因此,黄淮海平原水盐运动的分配和转化具有如下特征:(1) 黄淮海平原属降水—蒸散水均衡类型,降水和蒸散是水分进入和排除的主要形式;(2) 降水集中,分配不均,旱涝灾害严重;(3) 由于降水较多而集中,以及地势低平,每年有大量的水分补给地下水和大量的地下水被蒸散和开采利用,地下含水层对水分起着重要的调蓄作用;(4) 水分的 75% 是经过土壤-植物系统贮存、转运和利用的,所以土壤是黄淮海平原水分的最大调蓄场所;(5) 水分的 25% 以径流形式入海。

　　第二,在季风气候影响下形成的旱季和雨季的更替,也使土壤潜水层中的水盐循环系统明显地表现为季节性的上行和下行过程的更替。经对曲周县的降水资料分析,7、8 两月降水为 336 mm,占多年平均降水量的 56.7%。由于雨水大量渗入土壤和补给地下水,地下水位抬高 1~2.5 m 不等。在旱季的 10 个月里,降水量只占年降水量的 43.3%,且相当分散。据 2018 年的统计资料,最大日降水量达 20~40 mm,平均每年仅一次,所以旱季里基本不存在自然的水盐下行运动过程。水盐在土壤中做垂直方向上行和下行运动,使盐渍地区的土壤出现明显的旱季积盐过程和雨季脱盐过程的季节性更替。与此同时,在地下水埋藏不深的冲积平原上,地下水也存在着旱季蒸发和水位回落,雨季接纳雨水补给和水位上升等相应过程。

　　第三,黄淮海平原地下水矿化度与化学组成的关系表现为随矿化度增长而出现的各积盐阶段的总趋势基本一致,见表 1-1。

表 1-1　黄淮海平原地下水矿化度与化学组成关系

水质类型	矿化度/g·L⁻¹	化学组成	易溶盐积聚阶段
淡水	<0.5 0.5~<1.0 1.0~<2.0	HCO_3^-、Ca^{2+} HCO_3^-、Ca^{2+}、Mg^{2+} HCO_3^-、SO_4^{2-}、Mg^{2+}、Na^+	重碳酸盐阶段 重碳酸盐-硫酸盐阶段

水质类型	矿化度/g·L^{-1}	化学组成	易溶盐积聚阶段
弱矿化水	2.0～<5	HCO_3^-、SO_4^{2-}、Cl^-、Mg^{2+}、Na^+ $SO_4^{2-}+Cl^-$、HCO_3^-	硫酸盐和硫酸盐 氯化物阶段
矿化水 高矿化水	5.0～10 >10,20,30	$Cl^-+SO_4^{2-}$、Na^+、Mg^{2+} Cl^-、Na^+	氯化物硫酸盐阶段 氯化物阶段

　　第四,易溶盐在土壤和潜水中的积聚存在着明显的一致性。这种一致性更主要地表现在盐类的组成上,影响土壤积盐量的因素有很多,潜水矿化度是因素之一,而一般情况下不起主导作用(表1-2)。

表1-2　各种土壤表层(0～5 cm)及潜水的盐类组成的特点

土壤/% 和潜水/g·L^{-1}	土壤类型			
	白碱(L_3)*	盐碱(L)	卤碱(K_5)	黄沙土(C_2)
土壤 潜水	0.96 9.51	3.04 7.99	3.78 11.14	0.14 3.33
土壤 潜水	0.68 2.41	3.26 3.27	16.0 3.58	2.0 0.28
土壤 潜水	3.06 0.69	2.91 0.53	0.31 0.44	1.0 0.24
土壤	NaCl (38.3%) Na_2SO_4 (37.0%)	NaCl (74.0%) $MgSO_4$ (18.2%)	NaCl (41.6%) $MgCl_2$ (28.9%)	NaCl (40%) $Ca(HCO_3)_2$ (30%)
潜水	NaCl (40.8%) $MgCl_2$ (26.4%)	NaCl (34.7%) $MgCl_2$ (28.2%)	NaCl (30.5%) $MgCl_2$ (23.7%) $CaCl_2$ (21.9%)	$CaSO_4$ (38%) $MgSO_4$ (33.3%)

　　注:＊为代表性剖面号。

三、地球化学分区及水盐运动的动态变化

在气候、地貌和古代积盐过程的综合影响下,黄淮海平原易溶盐的化学流空间上有规律地进行着迁移、积聚和分异过程。按其空间分异特征和易溶盐在土壤-潜水中淋溶和积聚的特点,可以划分为五个大区和一些亚区。水盐运动的变化,在气候和地下水影响下,周年内水盐运动可分五个阶段。易溶盐的大区分异断面,揭示了易溶盐的地球化学分异的总特征和格局,见表 1-3。

四、[实例]鲁北禹城的盐碱土综合治理

禹城市实验区地处黄淮海平原的鲁北地区,属历史悠久的灌溉农业区。在发展灌溉中,长期引黄河水灌溉,且大水漫灌,灌排失调,使灌区土壤盐渍化迅速发展。耕地中盐碱地面积由 20 世纪 50 年代的 25% 增至 60 年代的 80%,成为农业生产发展的制约因素。实验区潜水矿化度的分布为北部 1~1.5 g/L,中部 1.5~2.0 g/L,南部大多为 1.5~2.0 g/L,局部为 2.0~3.0 g/L。地下潜水埋深、矿化度与环境条件的关系如图 1-5 和图 1-6 所示。

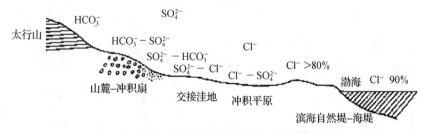

图 1-5　华北平原地下水质水平分布断面示意图

苏北乡土地理数字教程

表1-3 黄淮海平原易溶盐地球化学分区说明

分区	地貌	年降水量/mm	地下水			土壤		
			旱季埋深/m	矿化度/g·L⁻¹	化学组成	主要类别	易溶盐积聚类型	易溶性盐积聚程度
淋失运转区	山麓洪积冲积平原	600~700	>5	<0.5	HCO_3^-、Ca^{2+}	褐土	碳酸钙溶积、易溶盐淋失	不积盐
重碳酸钙镁盐积聚区	淮北低尘平原	750~850	1~2	<1	HCO_3^-、Ca^{2+}、Mg^{2+}	脱沼泽化浅色草甸土（砂浆黑土）	非盐化	不积盐
苏打积盐区 重碳酸钠积聚亚区	黄河南冲积低平原	650~800	2左右	1左右	HCO_3^-、SO_4^{2-}、Na^+、Mg^{2+}	浅色草甸土、碱化土壤（瓦碱）、盐化土壤	碱化盐化	轻-中
苏打积盐区 苏打碳酸盐-氯化物积聚亚区	黄河浸润洼地和积水洼地	600~700	1~1.5	1左右	HCO_3^-、$Cl^-+SO_4^{2-}$、Na^+	苏打盐化土壤、浅色草甸土	苏打盐化	中-重

12

续 表

分 区		地貌	年降水量/mm	地下水			土壤		
				旱季埋深/m	矿化度/g·L⁻¹	化学组成	主要类别	易溶盐积聚类型	易溶性盐积聚程度
氯化物-硫酸盐积聚区	低矿化淋失亚区	海河冲积平原古河道带及浅层淡水区	500~600	3左右	1~2	HCO_3^-、$Cl^- + SO_4^{2-}$、Na^+	浅色草甸土、轻盐化土壤	易溶盐淋失或硫酸盐-氯化钠盐化	不积盐或轻度积盐
	矿化强积盐亚区	海河冲积平原浅层咸水区	500~600	2左右	2~5~10	$Cl^- + SO_4^{2-}$、Na^+、Mg^{2+}	盐化土壤、盐化土、浅色草甸土	氯化物-硫酸盐盐化	中—重
氯化钠积聚区	高矿化强盐亚区	渤海滨海平原	550~650	1~2	>10	Cl^-、Na^+	滨海盐土及盐化土壤	氯化钠	重
	高氯化自然脱盐亚区	黄海滨海平原	850~1 000	1~2	>10	Cl^-、Na^+	脱盐的滨海土壤（非盐化和轻盐化）、滨海盐土	氯化钠盐化或易溶盐淋失	轻—中

注：盐类组成的离子排列上，前面的是主要离子。

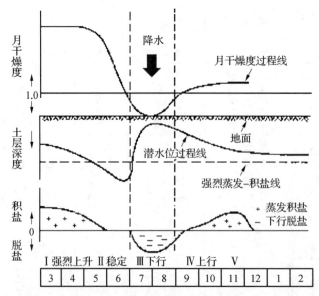

图1-6 气候-地下水埋深影响系统水盐垂直运动示意图

禹城实验区盐碱地综合治理首先从研究旱、涝、盐碱、瘦的自然规律出发,采取以打井(浅、深井)抗旱灌溉,降低地下水位;挖沟排水排盐;种植绿肥、培肥土壤;建立农田林网和改革种植制度等措施,改善生态环境,达到水盐平衡和改善农田生态系统的目的。盐碱地综合治理的作用体现在对土壤水盐运动的调控上,即通过人工措施,调节区域水量平衡和降低地下水位及毛管蒸发面,从方向和数量上控制和改积盐过程为脱盐过程。实验区采用井灌(浅井为主)沟排(深浅沟)工程体系来改善水盐平衡,效果显著(表1-4),各期排出的盐分除第Ⅰ平衡期外,第Ⅱ、Ⅲ平衡期均大于流入盐分,有利于本区脱盐。

表1-4 各期盐分流入量

平衡期	Ⅰ	Ⅱ	Ⅲ
来水量/×10⁴ m³	3 729.0	2 918.6	2 372.6
盐量/×10⁴ t	843.4	627.2	472.0

禹城实验区经过几年的井灌沟排系统运转,土壤脱盐效果显著,尤其是耕层脱盐更为明显见表1-5和表1-6。

表1-5　实验区盐碱地治理前后土壤含盐量变化　　　　　　单位:%

层次/cm	0～30		0～100		0～200	
年份	1974年6月	1980年6月	1974年6月	1980年6月	1974年6月	1980年6月
郑庄	0.144	0.115	0.159	0.147	0.136	0.151
南北庄	0.141	0.065	0.114	0.058	0.102	0.062
郎屯	0.162	0.096	0.134	0.108	0.120	0.099
于庄	0.282	0.104	0.213	0.129	0.182	0.138
太和	0.484	0.130	0.284	0.146	0.205	0.192
阎庄	0.207	0.069	0.171	0.116	0.158	0.133
天宫院	0.152	0.287	0.158	0.161	0.156	0.126
王子付	0.122	0.115	0.100	0.113	0.095	0.124
荣庄	0.084	0.202	0.089	0.137	0.099	0.121
马庄	0.161	0.062	0.154	0.069	0.128	0.075
三里东	0.471	0.279	0.259	0.224	0.190	0.192
张风吾	0.117	0.079	0.095	0.066	0.086	0.054
盐分贮量/t	52 776.38	33 516.75	160 001.8	113 923.6	274 288.8	232 549.2
1980比1974年减少/t		19 259.63		46 078.2		41 739.6
减少比例/%		36.49		28.80		15.22

表1-6　实验区盐碱地面积变化　　　　　　单位:hm²

年份		治理前	治理后			
		1976年6月	1979年6月	1981年6月	1983年6月	1985年6月
盐碱地	轻度	1 760.2	1 466.6	1 382	966.6	415.3
	中度	1 333.3	500	333.3	246.6	216.6
	重度	1 000	366.6	218	186.6	168
	盐荒地	333.3	80	0	0	0
	总计	4 426.8	2 413.3	1 933.3	1 399.8	799.9
非盐碱地		4 839.8	6 853.3	7 333.3	7 866.6	8 466.6
合计		9 266.6	9 266.6	9 266.6	9 266.4	9 266.5

五、土壤有机质

黄淮海旱作农田土壤不同土层有机质含量的区域均值分别为 20.11±6.46(0～10 cm)，14.76±5.11(10～20 cm)，9.96±4.14(20～30 cm)，8.03±3.45(30～40 cm)g/kg，分别处在三级至五级水平。0～20 cm 各土层中，高值区域主要分布在太行山山前平原、山东引黄灌区等传统农业生产地带，以及河南南部和安徽北部的砂姜黑土区。随着土层深度的增加，有机质含量的空间分布结构趋于明显，10～40 cm 各土层中，河北平原和鲁西北地区呈现 LL(低-低)/HL(高-低)型分布特征；河南和安徽地区主要为 HH(高-高)/LH(低-高)型，但不同土层的具体分布差异较大。有机质含量与黏粒含量之间存在显著的数理相关关系，与容重之间关系并不明显。有机质/黏粒含量和有机质/容重的双变量局部空间自相关类型中，LL/HL 型主要分布在河北平原和鲁西北地区，其中 HL 型在 0～20 cm 各土层中集中分布在太行山山前平原和山东引黄灌区地带，HH/LH 型样点主要分布在河南和安徽地区，但不同土层具体分布差异明显。有机质与黏粒含量的空间自相关结构更明显；0～10 cm、10～20 cm 土层较 20～30 cm，30～40 cm 土层的空间自相关结构更明显。农业管理措施及其地域差异性是造成各分布结构在空间水平方向及土壤垂直分层方向上差异化的重要原因(图1-7、图1-8和图1-9)。

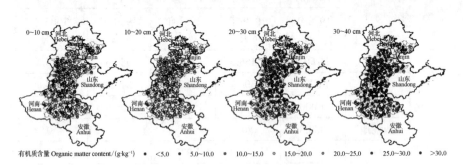

图1-7　不同土层有机质含量的空间分布

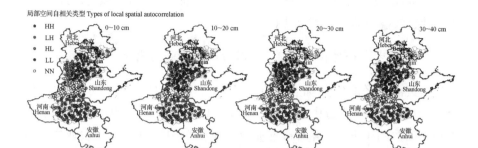

图 1-8　不同土层有机质含量和黏粒含量的局部空间自相关集聚图

注:HH(高-高型)、LH(低-高型)、HL(高-低型)、LL(低-低型)、NN(非显著型)

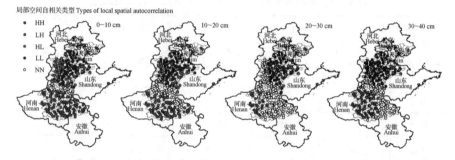

图 1-9　不同土层有机质和容重的局部空间自相关集聚图

注:HH(高-高型)、LH(低-高型)、HL(高-低型)、LL(低-低型)、NN(非显著型)

六、农业综合开发与专业化发展

历史上黄淮海平原长期受旱、涝、盐碱、风沙等自然灾害的威胁,农业生态环境十分脆弱,中低产田面积大,农业生产低而不稳,严重地制约了地区经济的发展和居民生活水平的提高。为此,国家于 1988 年开始实施农业综合开发,并先后在冀、鲁、豫、苏、皖五省选择了一批开发潜力大、投资少、见效快的区域,建立黄淮海平原农业综合开发试验示范区,后又迅速推广到全地区。综合开发的重点是对占全区耕地 4/5 的中低产田进行改造和开垦宜农荒地,以增产粮、棉、油、肉为主要目标。通过采取以水利建设为中心的农田基本建设,改善灌排条件,营造农田林网,增肥改土,推广优良品种和适用先进技术,以及实行科学种田等一系列综合性措施,取得了显著的经济、生态和社会效益。具体表现为以下方面。

1. 农业生产条件得到改善,粮棉油肉生产能力大幅度提高

据黄淮海平原农业综合开发前六年(1988—1993 年)统计,通过综合整治措施,累计改造中低产田 4.096×10^6 hm²,其中增加和改善灌溉面积 3.866×10^6 hm²,增加和改善除涝面积 2.21×10^6 hm²,农业抗御自然灾害能力明显增强。这一时期新增粮食生产能力大幅度提高(表1-7)。

表 1-7 黄淮海平原 1988—1993 年农业综合开发成效

省份	中低产田开发面积/hm²	荒地开发面积/hm²	新增农畜产品生产能力/$\times 10^4$ t			
			粮食	棉花	油料	肉类
河北	79.1	4.9	206.4	3.7	4.7	4.3
山东	91.2	10.8	204.4	13.3	7.9	9.6
河南	94.8	1.6	185.3	6.1	11.6	9.5
江苏	86.5	5.1	162.3	3.8	7.9	10.4
安徽	57.9	—	107.3	2.3	4.2	4.5
合计	409.5	22.4	866.2	29.2	36.3	38.3

黄淮海平原耕地面积总量随着时间变化波动增加,2003 年耕地面积总量较多的是保定市、临沂市、盐城市、周口市、驻马店市和南阳市;2006 年耕地面积总量较多的是保定市、沧州市、潍坊市、盐城市、周口市、驻马店市和南阳市;2009 年耕地面积较多的是周口市、驻马店市和南阳市;2012—2018 年耕地面积总量较多的是张家口市、周口市、驻马店市和南阳市。通过耕地面积总量较多的地级市空间分布变化可以看出,耕地面积较多的省份集中在河南省。河南省处于中部地区,是重要的粮食主产区,粮食产量占全国粮食主产量的比重较高,对于保障粮食安全至关重要。黄淮海平原耕地面积在整体上呈现出上升趋势,在研究时间段内共增加了 2 694 943.2 hm²。2000—2013 年耕地面积呈现较明显的下降趋势,2013—2018 年耕地面积总量上下变化幅度较大,但相较 2000—2013

年的耕地面积并没有明显地减少。各省市耕地面积变化趋势：京津两市的耕地面积较少且逐渐减少，原因是两市的总体面积小并且其城市发展中心职能并不是农业；安徽省和江苏省耕地面积总体变化较为稳定，原因是两省在经济发展上是重视一体化协调发展，各产业发展都占有一定比重；河北省耕地面积基本稳定是由于该地区处于京津冀一体化区域之中，除了承接部分非首都职能外，也需要保障两市粮食的基本需求；山东省在前期经济发展过程中耕地面积有所减少，但后期意识到粮食生产的重要性后又有一定的回升，即为了更好地保障粮食安全。黄淮海平原耕地面积时空分布如图1-10所示。

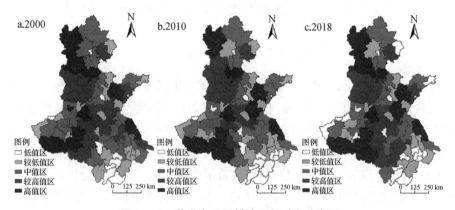

图1-10 黄淮海平原耕地面积时空分布图

黄淮海平原各地区粮食产量都呈现上升的趋势，河南省变化幅度最为明显。在研究时间段内，黄淮海平原的粮食总产量增加了72 434 887 t，在2000—2018年整体呈现增加的趋势，2001—2004年有所波动。其主要原因是该时期农业发展较为稳定，个别年份受到自然灾害影响使得粮食减产，但总体上粮食产量保持增长态势，人们对于粮食生产较为重视，重视保障人民基本生活需求，所以粮食产量有所增加。2000—2018年该地区粮食产量如图1-11所示，可以看出是增长的趋势，粮食增产可能原因是国家各项惠农政策，如粮食直补和良种补贴等；农田基础设施的改进与完善；粮食种植面积的增加，以及综合粮食种植能力的提高。

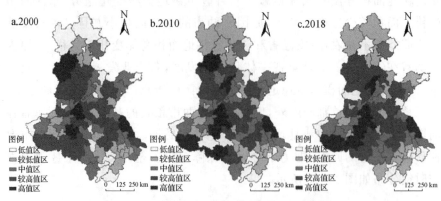

图 1-11　黄淮海平原粮食产量时空分布图

2. 有效地改善了农业生态环境

通过实行水、土、田、林、路综合治理,在全区范围内基本上形成了田成方、树成行、渠成网、路相通、桥涵闸配套的新格局。六年累计植树造林 3.36×10^5 hm²,改良草场 9.8×10^4 hm²。在开发区内林木覆盖率一般增加 3‰~6‰,农田林网网格面积为 2.0×10^5~2.67×10^5 hm²,大大减轻了风沙和干旱危害,调节了农田水热条件,改善了农田小气候。一些地区还采取了立体开发模式,如枣粮间作,洼地实行果树、稻田、鱼塘同步开发,盐碱地实行草粮(棉)轮作,使原来盐碱、风沙、涝洼等多灾的低产农田生态系统转化为高产、高效、良性循环的生态系统。

3. 农民生活水平明显提高,加快了农村经济改革步伐

实行农业综合开发的开发区农民人均纯收入明显地高于非开发地区。其中,1988—1993 年河北开发区农民人均纯收入年增长 273 元,比非开发区多 153 元;山东开发区农民人均纯收入年增加 624 元,比非开发区多 318 元。同时,农业综合开发还促进了农业生产的区域化与商品农业基地的建设,推动了农业生产经营方式从传统的小生产经营向集约化、规模化与专业化方向转变,加快了以农畜产品加工业为主体的乡镇企业的蓬勃发展。

4. 农业结构优化

长期以来,黄淮海平原是我国以粮、棉、油为主体,种植业占绝对优势的地区,林、牧、渔等多种经营发展得十分缓慢。在种植业内部以粮食作物占主导地位,经济作物比重较小。因此,"农业增产不增收,经济效益低下,农民收入不高",以至"高产穷村"现象相当普遍。20世纪80年代以来,随着改革开放的深入和人民生活水平的提高,对林、果、畜、水产品的市场需求量不断增加,加之这些部门具有投资少、见效快、出口创汇前景好、效益高等特点,因而发展较快,农业结构也相应地从单一结构向多元化方向发展。表1-8为黄淮海平原地区农业部门产值结构的动态变化。

表1-8 黄淮海平原地区农业部门产值结构的动态变化

年份	农业总产值①/亿元	占农业总产值的比例/%				
		种植业	林业	畜牧业	副业	渔业
1980	639.96	77.6	2.5	15.6	2.7	1.6
1990	2 583.64	62.1	3.0	24.2	5.4	5.3
1995	7 274.32	59.8	2.3	29.9	—②	8.0

注:① 农业总产值系各年的现价;② 自20世纪90年代初起副业列入农村非农产业中统计。

5. 农业生产专业化与区域化发展

黄淮海平原农业发展的自然和社会经济条件,以及农业的现有基础地域差异十分明显。20世纪80年代中期以来,随着这一地区农业生产力的迅速发展,农林牧渔各业,以及粮食作物、主要经济作物和蔬菜的布局逐步向生态条件适宜和经济效益高的地区转移,农业生产的专业化和区域化得到了较快的发展,涌现出一批粮、棉、油和多种经营(林、果、牧、水产等)生产基地。黄淮海平原是中国各类农业生产基地最集中的地区。根据中国农科院农业自然资源和农业区划研究所统计,在全国509个年提供商品粮 5×10^4 t以上、农业人口人均年生产商品原粮100 kg以上的商品粮大县中,地处黄淮海平原的有132个;在全国150个棉田面积在

1×10^4 hm²、年产皮棉 1×10^4 t 以上的商品棉基地中,黄淮海平原占 66 个;在全国 64 个花生基地县中,黄淮海平原占 34 个。此外,该地区还有一批商品猪、肉牛、山羊、干鲜果品、桐木、蚕桑、海洋水产品生产基地。农业生产的专业化和区域化的发展,不仅有利于合理利用自然和社会经济条件,有利于提高土地生产率和农业劳动生产率,有利于提高经营管理水平、农作物的单产和农畜产品的商品率,满足国家对商品农产品的需求,而且有利于变革传统的农业生产经营方式。20 世纪 90 年代以来,为适应社会主义市场经济发展的需要,本区相继涌现出一批以龙头企业、股份合作、科技与市场为带动的市场农业经营模式,形成了"龙头企业+农户"的经营模式、"市场流通+农户"的联合体模式、"科技实体+农户"的技术进步模式和"市场流通+农户"的流通模式,将农业推向国内外市场,按照市场需求组织生产,走市场带基地、基地带农户的发展农业模式。上述四类模式目前在该区农业经营体制中所占的比重较低,但代表了今后的发展方向,对加快黄淮海平原农业布局的调整优化,促进区域化种植和专业化经营起到重要的示范作用。

第三节　数字黄淮海平原

　　拟通过遥感卫片解读、无人机拍摄、地理信息系统的数字高程模型(DEM,Digital Elevation Model)技术手段,对黄淮海平原苏北地区一定范围内规则格网点的平面坐标(X,Y)及其高程(Z)的数据集,通过等高线或相似立体模型进行数据采集(包括采样和量测),描述黄淮海平原地貌形态、乡村聚落等,并进行可视化表达。本案例以人地关系为主线,展现苏北为黄淮海平原典型小区域,阐述其机理、过程和动力学原理。本案例能动态提供情境教学和实地调查的方案,将情景式教学模式、案例教学模式、参与社会调查模式数字化,并通过网上直播、微信公众号、网红打卡地、专家教授小视频、实习实训全过程实录等形式记录下来,相关成果拟与智慧树平台合作,进一步展现高质量数字化的苏北黄淮海平原。

本节相关数字化资料，请微信扫描下方二维码获取。

/// 知识窗 ///

◎ 华北平原/黄淮海平原
◎ 黄淮海地区
◎ 黄淮海平原盐碱地

【参考文献】

[1] 闫纪元,胡建民,王东明,等.黄淮海平原晚新生代重大地质事件[J].地质通报,2021,40(5):623－648.

[2] 中国农业科学院.黄淮海平原治理与农业开发[M].北京:中国农业科技出版社,1989.

[3] 吴传钧.中国经济地理[M].北京:科学出版社,1998.

[4] 郑慧.黄淮海地区平原林业产业结构研究[D].北京:北京林业大学,2009.

[5] 杨玉建,王丽华,封文杰,等.县域尺度农业障碍信息可视化及网络发布研究[J].安徽农业科学,2009,37(15):7123－7124.

[6] 张洁瑕,陈佑启,冯建中,等.乡村振兴战略下区域农业人口预测研究——以黄淮海平原典型农业区为例[J].中国农业资源与区划,2021,42(12):254－262.

[7] 濮静娟.黄淮海平原区农业地貌条件及其评价[J].河南大学学报(自然科学版),1987(1):81－87.

[8] 任频频,黄峰,李保国.黄淮海平原旱作农田土壤有机质含量的空间分异特征[J].土壤学报,2022,59(2):440－450.

[9] 欧阳进良,宋春梅,宇振荣,等.黄淮海平原农区不同类型农户的土地利用方式选择及其环境影响——以河北省曲周县为例[J].自然资源学报,2004(1):1－11.

[10] 逯璐,李丁,戚禹林,等,基于灰色理论的黄淮海平原耕地压力指数分析及预测[J].农业与技术,2021,41(10):108－114.

第二章
典型次生黄土地貌
——黄河故道

黄河故道概况 ≫

一、废黄河的形成

黄河故道又称"废黄河"或"故黄河",是指位于淮河流域北部,自河南省兰考北朝东南方向,过民权县北,安徽省砀山县北,江苏省徐州市北,经宿迁市南,淮安市北,再折向东北方向,过涟水县南,滨海县北,由大淤尖村入黄海(有一个废黄河口)的一条黄河故道。在地图上,这条故道绝大部分河段已经干涸,只在淮安市以东的黄河故道(现在称"中山河")还有水流。实际上废黄河已经成了一道高出地面几米事实上的分水岭,把一个完整的淮河流域分割成淮河与沂沭泗河两个水系。古淮河本是一条河槽宽深、出路畅通、独流入海的河流,在涟水县云梯关入海,海潮一直可以上溯到盱眙县。1128年(南宋建炎二年),东京(今开封市)守将杜充人为扒开黄河大堤抵御金兵,使黄河改道由泗水入淮河、济水,分流入海;1194年(金明昌十一年),黄河主流夺淮,古淮河为水患所困扰;1494年(明弘治七年),黄河洪水改由泗水入淮,路线基本固定在今天的废黄河线上;15世纪,淮黄交汇,淮不入黄;1570年(明隆庆四年),清口(今杨庄附近)淤塞;1576年(明万历四年),曾进行裁弯工程;1609年(明万历十七年),引河决口,老河槽逐渐淤塞,故曰废黄河。因此,废黄河即黄河故道,西起河南兰考东坝头,流经豫、鲁、皖、苏四省九市,蜿蜒800余千米,东至江苏省滨海套子口入海。

二、自然地理环境

1. 气候与生态环境

废黄河流域是一个蜿蜒曲折、宽窄不一的条形区域,地势西北高、东南低。两堤之间自然地形呈不规则浅盘状，流域内大部分是细沙土，具有"湿则板、水则淌、风则扬"的特点。废黄河流域大部分处在暖温带，东部为暖温带与北亚热带的过渡地带，季风显著，四季分明，光能资源丰富，全年太阳辐射总量达 107～120 kcal/cm²，日照时数为 2 230～2 460 h，日照百分率为 51%～56%，均高于苏南地区。全年平均气温为 13.6℃～14.1℃，七月份平均气温为 26.2℃～27.0℃，一月份平均气温在 −0.8℃～0.1℃，极端最高气温可达 37.62℃～40.7℃，极端最低气温可达 −12.6℃～−23.3℃。无霜期较长，一般为 250 天左右。本区平均年降水量为 800～1 000 mm，十分利于小麦、棉花、水稻等喜热作物的生长。降雨年内分配不均，汛期雨量集中，占全年降水量的 76% 左右。

流域平均年降水量为 938 mm，年蒸发量在 1 409～1 716 mm，年蒸发量大于年降水量。徐州以上地区的蒸发量甚至为降水量的 2 倍。从各月的情况看，7 月份的降水量大于蒸发量，春季和冬季的各月，以及 10 月和 11 月的蒸发量都大于降水量的 1～2 倍。一年中降水量集中在夏季，6 月至 8 月降水量为 474～588 mm，占全年降水量的 53%～62%；冬季降水占全年的 5%～8%。夏季多为阵雨和暴雨，强度较大；大量降水以地表径流流失，低洼地易涝。故道地区降水时空分布不均，日蒸发量大，故旱灾严重。

由于黄河故道大部分位于暖温带，东段为暖温带与北亚热带的过渡地带，气候上具有明显的过渡性。季风显著，气候多变，全年平均气温为 14℃左右，雨量高度集中于 7、8 月份，水热条件比江南稍差。土壤沙重质轻，此处树木种类特别是常绿树种较少，但水生及某些适应沙碱植物都比较丰富。根据生态环境，故道植被可分为水生植被，河漫滩植被，以及高滩、新旧堤岸人工植被三种类型(表 2-1)。

表 2-1 废黄河流域的植物分类

分类	植物名称
材用植物	刺槐、泡桐、楝树、榆树、意大利杨、水杉、臭椿、杂交柳、小叶杨
果树	桃、苹果、梨、葡萄、山楂、板栗、杏、柿子、枣、石榴、樱桃、胡桃
药材	白茅、芦苇、水烛、大花旋复花、节节草、苍耳、白前、车前、益母草、龙葵、香附子、墨旱莲、紫花地丁、小蓟、打碗花、构杞
纤维、编织原料	芦苇、水烛、薄草、罗布麻、狼尾草、构树皮、洋麻、芦竹、紫穗槐、杞柳、蜡条、木樱、接骨木

分类	植物名称
粮食	三麦、玉米、山芋、水稻
油料	花生、油菜、大豆、芝麻、向日葵、棉籽、胡桃
经济作物	棉花、浅水藕、芦笋、薄荷、金针菜、何首乌、山药、烟草、甜菜、瓜类、田替、洋麻、大豆、绿豆、芝麻、黄芪、地黄、丹参等

2. 水文与地貌

　　废黄河是历史上黄河夺淮留下的已被废弃的河道,形似一条巨大的垄岗,把淮河流域一分为二,形成废黄河以南的淮河水系和废黄河以北的沂、沭、泗水系。废黄河本身是一条悬河,两岸无支流汇入,自成一系,成为一个独立的地理单元。除了引黄以外,仅接纳两堤之间的降水。目前,废黄河上端有两坝同上游隔开,中段被两河截断,下游在滨海竹林附近被堵塞,这样整个故道被分为三个或三个以上相对独立的河段。

　　由于历史上黄河夺淮的冲刷与淤积作用,逐渐形成了今天的西高东低、南高北低及高低起伏、岗洼相间的地貌类型。废黄河流域的地貌主要包括故道滩地、背河洼地与决口扇三种类型,如图 2-1 所示。

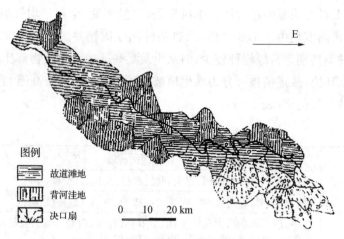

图例
故道滩地
背河洼地
决口扇
0　10　20 km

图 2-1　废黄河流域地貌类型分布情况

　　故道滩地是指废黄河最外侧堤坝之间的狭长地带,由河堤、河滩地以及中泓三部分组成。河滩地为河槽到外堤之间的部分,主要由高滩、低滩、高沙岗河河床洼地组成。高滩是指老河漫滩,低滩是指旧河床,两者均由堤处向河槽中心逐渐倾斜,高滩和低滩之间高差 1~2 m,河滩高出堤外地面 3~5 m。土壤物质组成有冲积沙土、壤土、粘土及混合类型。其结构良好,肥力较高,是黄泛区中农业高产地带,也是目前荒地分布最多的部分。

背河洼地分布在故道滩区的外侧,由于历史上取土筑堤和决口相夹而成,地势低洼,排水困难,常有返碱回盐现象,是项目区盐碱土的主要分布地区。

决口扇主要分布在故道两侧,自故堤穿过背河洼地向外扩展。它是由于大堤溃决在决口处冲积形成的扇形地,顶部地势高,距决口越远,地形越低,沉积颗粒越细。按形态和物质组成主要分为上下两端,上段地势高亢,比起前缘洼地相对高出 5~10 m;中部一般有泛水通道贯穿,排水较好,土壤均为沙土;下段地势平坦,地表水和地下水排泄较差,物质组成为粉砂、亚粘土,地下水易沿毛细管上升蒸发,而形成斑状盐渍土,故在农业上常为低产区。

3. 土壤与沉积环境

土壤是由环境因素综合作用形成的历史自然体,其所有要素都深刻地影响着土壤的形成、演变属性,以及改良和利用途径,作为自然综合体的土壤要素也必然反映了环境条件的各种特点。黄河故道流域是江苏省荒地资源较多、生产潜力较大的地区。黄河在夺淮入海的几百年间,河水由黄土高原带来的大量泥沙在区内沉积而形成了今天的黄河故道。其地表覆盖了一层厚厚的黄泛冲积物,由于沉积的时间不长,沉积物未经强烈的淋洗,土壤发育处于低级阶段。母质的性质对土壤的特征影响非常明显,黄泛冲积物的特点是含有丰富的钙质,并含有一定的易溶盐类。废黄河不同地段不同地貌单元沉积物的堆积厚度不同,见表 2-2 所示。

表 2-2　废黄河不同地段不同地貌单元土壤的堆积厚度

地貌单元		丰县二坝	徐州市	睢宁县魏集	泗阳县林苗圃	响水县云梯关	滨海县大淤尖
高河漫滩	厚度/m	8.79	5~10	5.5	8.4	6.05	7.56
	标高/m	48	38.6	29.6	22.8	8.2	3.3

续 表

地貌单元		丰县 二坝	徐州市	睢宁县 魏集	泗阳县 林苗圃	响水县 云梯关	滨海县 大淤尖
低河漫滩	厚度/m	7.65		4.25	7.00	5.00	
	标高/m	46.35	36.9	27.2	20.4	7.3	2.4

废黄河流域内成土母质的特点是沙性大,颗粒组成分选性明显。其分布规律是近河泥沙颗粒较粗,而远河泥沙颗粒较细,在河床中间附近的机械组成中以细砂及粗粉砂为主,而细粉砂及粘粒的含量由河床向两侧逐渐增加,因而形成以河床为轴向两侧由紧砂土—壤土—粘土,呈有规律的质地变化。另外,黄泛冲积物的性质决定了区内土壤具有砂、碱的特征。

废黄河河床表层组成物质大部分是细砂和粉砂,二者合计占90%以上,粘粒很少,都在10%以下,总体上废黄河河床表层砂组成的沿程变化不大,如表2-3和图2-2所示。

表2-3 废黄河河床土壤组成 单位:%

典型区域	粘粒 <0.001 mm	细粉砂 0.001~ 0.005 mm	中粉砂 0.005~ 0.01 mm	粗粉砂 0.01~ 0.05 mm	细砂 0.05~ 0.25 mm
睢宁县双沟镇河床	6	4	4	42	44
泗阳县郑楼乡陈圩村	4	4	4	10	78
滨海县八滩河床	8	12	6	45	29
滨海县大淤尖河床	8	8	8	11	65

废黄河河床深部的组成物质也以粉砂或细砂为主,见表2-4给出的沿线河床组成物质颗粒平均粒径变化情况。由表2-4可知,河床组成物质沿程变化不大,平均粒径变化也很小,变化范围为0.084 5~0.083 mm。这主要是由于淮北平原坡降小,流速变化不大,因而各段河床淤积泥沙粒径相近。但由于丰县和大淤尖距入海口的里程不同,上下游河段的水力条件也不相同,因此,河床组成物质的平均粒径还是略有差异,即上段稍粗,下段略细。

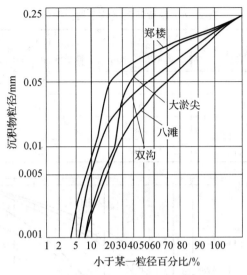

图 2-2　废黄河流域河床表层土壤组成的沿程变化

表 2-4　废黄河河床土壤粒径沿程变化

取样地点	丰县	宿迁	泗阳郑楼	滨海大淤尖
颗粒平均粒径/mm	0.086 5	0.085 8	0.084 5	0.083

废黄河河漫滩表层沉积物及下层(地表以下 30~50 cm)沉积物粒径组成情况如表 2-5、表 2-6 所示,废黄河河漫滩表层沉积物粒级的组成以粉砂和细砂为主,但粘粒含量较多,平均在 10% 以上。废黄河河漫滩下部沉积物是以细砂、粉砂为主,含量占 90% 以上,粘粒含量平均不超过 10%。为了更清楚地描述废黄河河漫滩沉积物组成的沿程变化情况,根据表 2-5 和表 2-6 绘制了图 2-3 和图 2-4。

表 2-5　废黄河河漫滩表层土壤组成　　　　　　　　单位:%

典型区域	粘粒 <0.005 mm	粉粒 0.005~0.05 mm	细砂 0.05~0.1 mm
丰县	2	8	90
泗阳众兴镇	1	11	88
滨海八滩	10	8	82
滨海废黄河入口	8	27	65

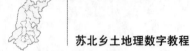

表 2-6　废黄河河漫滩下层土壤组成　　　　　　　　单位:%

典型区域	粘粒 <0.005 mm	粉粒 0.005~0.05 mm	细砂 0.05~0.1 mm
丰县	6	17	77
泗阳众兴镇	6	18	76
滨海八滩	18	6	74
滨海废黄河入口	10	25	65

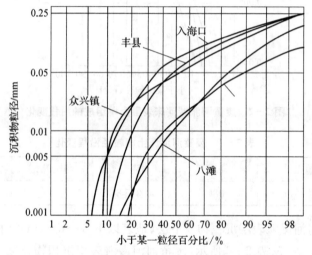

图 2-3　废黄河河漫滩表层土壤组成沿程变化

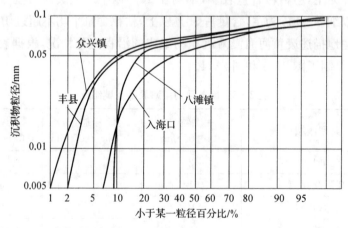

图 2-4　废黄河河漫滩下层(地表以下 30~50 cm)土壤组成沿程变化

自丰县至滨海,其河漫滩沉积物的机械组成有一定的纵向变化。而睢宁县至滨海县大淤尖入海口的河漫滩沉积物的平均粒径变化见表 2-7。废黄河河漫滩与河床粒径比较,其组成物质沿程变化相对较大,平均粒径变化也有一定差距,其变化范围为 0.083~0.094 mm,这是因为河漫滩一般是裸露地面,受侵蚀程度较高。

表 2-7　废黄河河漫滩土坡沿程平均粒径变化

取样地点	睢宁县	涟水县	滨海县	滨海县大淤尖(入海口)
颗粒平均粒径/mm	0.094	0.09	0.083	0.084

三、废黄河三角洲

1. 三角洲形成过程

废黄河三角洲位于江苏北部,大致以云梯关(响水县境)为顶点,包括响水、滨海两县,以及灌南、灌云和射阳县的一部分,面积约 7 160 km²。但黄河入淮泛流范围甚广,加以废黄河三角洲泥沙后来受海流携带南下,故黄河泥沙在江苏北部的分布范围北至连云港,南迄洪泽湖、东台,面积远大于废黄河三角洲。如连云港市的云台山即《西游记》中描绘的花果山,18 世纪初尚为海中岛屿,后由于黄河泥沙淤积,才逐渐与大陆相连。废黄河三角洲的形成过程与黄河下游改道的历史密切相关。1128 年,黄河在李固渡(河南省)决口,河水向南,流入江苏和安徽北部。在 1128—1546 年间,黄河改道后并没有一条固定的河道,而分歧为许多分流,游荡于泗河(山东)与颍河(河南)之间,大部分泥沙也堆积于这个宽 250 km 的广大平原上。同时,在改道初期,黄河一部分流量仍入渤海。如 1194 年,黄河下游分为两支,一支往东北流,注入渤海;一支往西南流,取道泗河,入淮河,前者流量约占黄河总流量的 20%~30%。因此,在改道初期,废黄河三角洲生长极慢。1578 年,在徐州与淮阴间建造了坚固河堤,把黄河入黄海的水流约束在固定的河道中;同时,大堤也将黄河流入渤海的流路切断。所以此后废黄河三角洲迅速伸长,现在的废黄河三角洲绝大部分是 1578 年以来堆积的(图 2-5)。

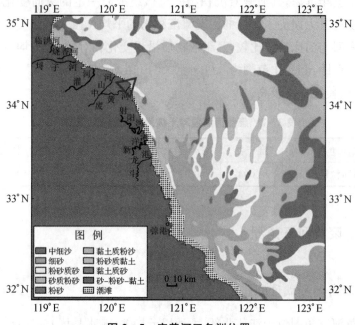

图 2-5　废黄河三角洲位置

　　自 1128 年黄河南迁入淮,至 1855 年北归渤海,共 728 年,废黄河口向海延长了 88 km,其中后期的 278 年(1578—1855 年),河口就延长了73 km。河口延长速率在 1578—1591 年间平均每年达 1 540 m,1591 年后逐渐减小,1591—1855 年平均约 200 m。造陆速度也是如此,1128—1494 年间平均每年 3.2 km²,1494—1855 年平均每年 15.5 km²。

　　黄河北归后,废黄河三角洲沿岸泥沙来源断绝,在风浪和海流的作用下,海岸从过去的加积伸长,变为侵蚀后退。废黄河口两侧目前约有长 160 km 的岸线受侵蚀后退,如滨海县境内的 55 km 岸线,近百年来蚀退了 17 km,年平均蚀退 150 m,有 23 个村庄已沦为大海。灌河口外的开山岛,1855 年还是大陆的一部分,现已成为海中小岛,距海岸 7.6 km。据估计,黄河自 1855 年北归后,废黄河口附近已失去陆地 1 400 km²。目前,这里的海岸仍以每年约 10～20 m 的速度向后蚀退,因此沿海的一些大盐场均修筑了坚固的海堤和其他海岸防护工程。但在海堤比较薄弱的岸段,堤防仍常被台风大浪冲坏。

　　本区侵蚀型海岸常分布有低矮贝壳堤,如大喇叭口—双洋港间的贝壳堤1985年前原来宽约10~60 m,高0.1~1.6 m,对保护海岸起有益的作用。1985年底至1986年春该处贝壳堤全被挖光,使海岸侵蚀加速,威胁了海堤安全。其他岸段也有类似情况,应加以注意。

　　废黄河三角洲沿岸的海流主要自北向南,废黄河入海泥沙及后来废黄河三角洲被蚀的泥沙均被携带向南,堆积于江苏北部沿海地区,造成苏北广大的沿海平原。在盐城一带的苏北平原有4条平行的贝壳沙堤,形成年代自陆向海分别为距今5 600~7 000年、4 600年、3 310~3 880年和850年。第一条贝壳沙堤大致代表11世纪时的海岸线,著名的范公堤(1023—1027年宋代范仲淹所建)即循此而建。黄河改道南下以前,苏北岸线是稳定的,在12世纪以前约5000年内,岸线只向海推进了5~20 km。在公元1100年左右,盐城、阜宁均尚在海滨,目前盐城以东宽约50 km的沿海平原是1128年以来黄河泥沙淤积而成的。

　　由于黄河南迁夺淮,并流入洪泽湖,使江苏北部水系及湖泊也发生了巨大变化。1128年以前,淮河在阜宁以北的北沙入海。淮河输沙量很小(平均每年10.6百万吨),含沙量也很低(0.376 kg/m³)。当时河口稳定,潮汐作用可影响到今洪泽湖南岸的盱眙。在12世纪初(1111年),现洪泽湖湖盆为一洼地,湖泊面积只有现在的四分之一。1546年,黄河全部南流入淮,黄河的巨量泥沙很快将淮河下游淤高、堵塞,淮河河水倒流向西,进入洪泽湖洼地,使湖泊面积迅速扩大。1680年有洪水,洪泽湖面积进一步扩大,原来湖滨的繁荣大城市——泗洲城也被淹没,现在湖底尚可见古泗洲城的遗迹。由于淮河入海流路被黄河泥沙堵死,淮河下游被迫改道南流,经高邮湖,至扬州附近注入长江。17世纪末年以来,淮河就从一条独流入海的大河,变为长江的一条支流,这是我国中部水系的一大变化,究其原因,系受人类作用影响所致。直到现在,经过多次整治疏导,淮河流量的73%仍流入长江,只有27%流入黄海。

2. 气候与土壤

　　我国暖温带与亚热带,一般是以秦岭—淮河一线为界,淮河线东延即废黄河或灌溉总渠。在平原地区自然地理界线是一个逐渐过渡的较宽地域。因此,废黄河三角洲的气候具亚热带向暖温带逐渐过渡的特征。废黄河三角洲地区热量和水分资源都比较优越,年平均气温为14℃左右,一月0℃等温线

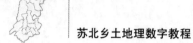

大致与废黄河平行,无霜日期 210～220 天。年降水量为 950～1 000 mm。作物可以两年三熟或一年两熟。

本区土壤主要由黄河、淮河冲积物母质发育而成。沿海一带土壤长期受海水浸渍,含盐量多在 0.3％～0.5％,为盐土。滨海平原西部,土壤含盐量较低,约 0.1％,为盐潮土。三角洲平原大部为淤土或两合土,地下水埋深 1～2 m,土壤性质较好,适于耕作。废黄河故道高出附近平原 3～5 m,是本区最明显的高地。废黄河冲积物 75％～90％ 是细沙和粗粉沙,故废黄河故道的土壤沙性较重,主要为沙土,宜于种植果树、林木和棉花。

3. 滩涂资源

废黄河三角洲及其以南沿海,滩涂广阔。江苏省的响水、滨海、射阳、大丰、东台 5 县,滩涂面积达 600 万亩,占江苏省滩涂总面积的 2/3,全国滩涂总面积的 1/5,是重要的土地资源。黄河北归以后,射阳河口以北的海岸受侵蚀,滩涂甚狭,宽仅 0.5～2 km;射阳河口以南的海岸淤进,滩涂宽度常达 10 km 以上,尤以大丰、东台两县的滩涂最宽、面积最大,且淤进速度最快。

本区滩涂除了开发后进行耕作和养殖外,在射阳河口以南的广阔滩涂上于 1983 年建立了丹顶鹤自然保护区,这是我国第一个沿海滩涂珍禽自然保护区。丹顶鹤俗称仙鹤,是国家一级重点保护动物,每年秋季从黑龙江飞到盐城市滩涂越冬。这里沼泽河港相连,芦苇、蒿草丛生,鱼虾贝类丰富,冬春气候温和湿润,是丹顶鹤理想的越冬场所,被誉为丹顶鹤的第二故乡。如今每年来此越冬的丹顶鹤有近 1 000 只,约占全世界丹顶鹤总数的一半。此外,1991 年由中日合资,在射阳县滩涂上兴建了国际高尔夫球场,成为滨海的一个旅游点。

4. 人口分布

废黄河三角洲地处我国沿海中部、淮河入海口,由历史上黄河改道冲积而成。1128 年黄河南泛侵泗夺淮,尾闾在淮安附近以下与淮河合流入黄海,直至 1855 年北归山东利津入渤海。其间 700 多年中,黄河挟带着大量的泥沙在淮河口云梯关以下堆积,形成了巨大的废黄河三角洲。废黄河三角洲的核心区域大致以响水云梯关为顶点,北至灌河河口,南至射阳河口,面积约 9 000 km²,人口近 450 万(表 2-8),包括响水、滨海和射阳三县及灌云、灌南两县的一部分。如果加上周围的黄泛区,则以淮安杨庄附近为起点,北到连云港的临洪河口,南到东台的琼港,面积约 2.0×10^5 km²,人口超过 1 000 万。

表 2-8　废黄河三角洲核心区域各县人口与面积

县名(年份)	人口/万人	其中非农人口/万人	面积/km²
灌云(2021)	106.26	21.29	1 898
灌南(2020)	72.23	10.16	1 027
响水(2021)	56.91	13.97	1 363
滨海(2019)	108.03	24.02	1 880
射阳(2021)	105.07	22.61	2 795

5. 农业和土地利用

废黄河三角洲在 1949 年以后经济上获得了较快的发展。粮食由不能自给到有余出口。工业从无到有,由几十个作坊、小厂发展到上万个各种门类的工业企业。1949—1988 年工业产值增加了 76 倍,农业产值增加了 9 倍,粮食和棉花产量分别增加了 9 倍和 10 倍。

废黄河三角洲地域广阔,人口稀少,土地资源丰富,按 1990 年人口计,人均土地面积 3.5 亩,按统计局统计的耕地数,人均耕地 1.3 亩,垦殖指数 37%。废黄河三角洲土地利用的特点:① 土地利用程度较高,包括水域和未利用土地仅约 25%。② 耕地占相当比重,达到 60%,反映了仍是以农耕为主的特点。③ 林、果、牧等多种经营土地面积不大,大致只占总土地面积的 2%,这固然与土地质量较低有关,也反映多种经营发展缓慢。④ 工矿居民点用地接近全省平均水平,但本地区工业与城镇发达水平还不够,土地资源的潜力还很大。废黄河三角洲三县种植业的特点:① 以粮食作物为主,以旱作小麦、玉米等居多。② 经济作物以棉花为主,棉花收入成为农民收入的重要来源。③ 单产水平较低,播种面积低于全省平均水平。废黄河三角洲种植业的特点基本反映了苏北沿海低地的状况,由于垦殖历史的不同,土地质量的差别,有些地区单产水平较高。

根据沿海滩涂资源的开发条件和特点,废黄河三角洲滩涂开发可以分为三类:① 响水县、滨海县的盐业和水产开发区。该范围从灌河口到扁担港,海岸线长约 195 km,属侵蚀海岸,境内引纳海水条件较好,日照长,蒸发量大,现为重要盐场,但岸外滩面窄,且受冲刷,今后宜结合护岸工程,扩展盐业,对虾、沙蚕、紫菜等养殖业。② 射阳县水产芦苇利用区。该范围自扁担港至斗龙港。因里下河地区四大排水港(射阳、新洋、斗龙、黄沙)均由此入海,河口边滩面积大,淡水资源好,现为全省芦苇集中产区。潮上带已围滩地宜巩固,提高现有对虾、淡水鱼及粮棉生产,结合发展畜牧和林业,开辟蚕桑种植区,适当扩大对虾养殖面积。③ 射阳珍禽自然保护利用区。从新洋港至斗龙港,1983 年建立的省级保护区是我国第一个海涂型自然保护区,其核心区为新洋港以南,斗龙港以北,海堤以东的 15 万亩滩涂,宜继续保护。为保护其宁静的环境,可继续发展芦苇,并试验浅池养殖,在虾池中放养小鱼虾等供丹顶鹤过冬捕食。

6. 工业发展

废黄河三角洲地区的经济结构和收入结构显示,其工业尚处在初级阶段,以轻工业、化工为主,尤以充分利用本地的农产品资源进行加工的行业居重要地位。全区轻工业产值占工业总产值的 70%,而食品与纺织业均超过 60%。重工业中以化工和机电行业比重较大,纺织业是随着新棉区的开辟和蚕桑基地的建设而发展起来的。

纺织业在废黄河三角洲还有很大的发展潜力。尤其是结合新的棉花和蚕桑基地的建设,棉纺织、丝纺织以及服装加工等行业都将得到进一步的增强,形成了纺织工业系列。

食品工业是本区传统行业。由于三角洲丰富的食品工业资源,如粮油、果品、水产等,因此粮食油料加工、酿酒、罐头食品以及制盐等食品制造业发展迅速。但是,由于食品的档次不高,远不能占领市场,更缺少出口创汇能力。因此,还需要提高质量,发展新品种,尤其是随滩涂养殖业的发展,扩大水产加工和冷冻能力。利用全国 4 大啤酒麦芽基地之一的条件,发展一定数量的啤酒生产。

制盐业在废黄河三角洲有着悠久的历史,是淮北盐场的一部分,目前仍然居重要地位。1988 年全区产原盐约 15 万吨,占盐城市总产量的 95.5%,其中响水县产量占全市的 68%。制盐业的发展,为发展盐化工提供了可靠的原料。

　　饲料(包括饵料)工业是本地区直接关系到农业发展的重要部门,特别是饵料生产是发展海水养殖的重要条件。本区对虾饵料生产已有一定规模,共建有 6 个厂,其生产能力占全盐城市的 87%,其中射阳一县就占 67% 的生产能力。今后随着渔牧业发展和滩涂开发,尚需进一步加强。

　　化学工业是近几十年来着力发展的部门。目前支农化工如化肥、农药等均已有一定基础,但无论从品种和质量上都不能满足需要。废黄河三角洲经济发展的重点是农业,因此还必须加强农用化工的发展,同时还要根据条件发展精细化工和盐化工。

　　机械工业和建材工业在本地区工业中都占有一定地位,但规模不大,门类少,主要是满足当地农业生产和建设的需要。

　　灌河是苏北地区唯一一条没有建闸的自然入海的潮汐河道,干流自灌南县的东三岔至河口,全长 74.5 km,正在三角洲的范围内。河流年平均径流量为 320 m³/s,河阔水深,1 000 t 船可自由进出,3 000 t 级可乘潮进出。为此,应利用水深河宽直接入海的有利条件,兴建一批功能不同的港口、码头,打破行政界限,统一规划,集中布置耗水量大、运输量大的电力、基础原材料及配套加工工业,以响水、灌云、灌南 3 县所属的港口和镇为基地,形成一个新的工业区,成为废黄河三角洲开发的一个富有生命力的生长点。

　　7. 城镇建设

　　废黄河三角洲处于江苏的东北隅,位置较偏僻,宁连、宁淮、盐靖宁高速公路都绕过本区。境内的河流虽多,但多为淮河下游的排水通道,季节变化明显,给全气候航运带来困难;众多的内河涵闸与沿海节制闸,也影响了水运。另外,东陇海铁路从三角洲北侧穿过,新长铁路也从淮安南下,都与废黄河三角洲失之交臂。射阳港早在 20 世纪 80 年代就开发兴建,但是年吞吐量仅 500 万吨,约占全省沿海港口吞吐量的 1/8,为连云港的 1/7;滨海港、陈家港、燕尾港等,规模都很小,年吞吐量多在几十万吨,难以满足物质的集散。废黄河三角洲共有 85 个乡镇,其中建制镇 51 个,城镇密度 0.68 个/km²,城镇数量少、规模小,人口在 20 万以上的城镇 1 个,15 万～20 万的 1 个,10 万～15 万的 3 个,5 万～10 万的 20 个,5 万以下 26 个。江苏省现有 13 个省辖市、21 个县级市,而在近万平方公里的废黄河三角洲上,一座县级市以上的城市都没有,区域发展缺乏中心及枢纽。废黄河三角洲城镇及港口分布见图 2-6。

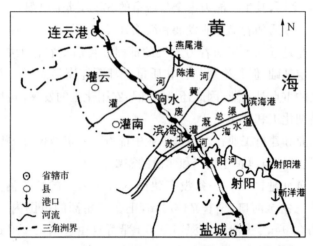

图 2-6　废黄河三角洲城镇与港口

四、生物资源

废黄河三角洲地处中国南北重要的地理分界线——秦岭—淮河线的顶端,气候具有明显的过渡性,生物区系复杂,包括陆地和海洋两大生态系统,既有南方品种,又有北方品种。尤以沿海滩涂更为集中,单位面积生物量达 40 g/m²。这里分布着鸟类 200 多种,其中丹顶鹤、白鹤、白枕鹤、白鹳、黑鹳、大雁等珍禽 20 多种,有青蛤(*Cyclina sinensis*)、四角蛤(*Mactraveneri formis*)、泥螺(*Bullacta exarata*)、缢蛏(*Sinonovacula constricta*)等底栖动物 100 多种,还有何首乌(*Poly gonummulti florum*)、罗布麻(*Apocy numvenetum*)、杜仲(*Eucommiaulmoides*)、枸杞(*Lyciumchinense*)等名贵植物数十种。射阳国家级珍禽自然保护区核心区面积约 1 万公顷,每年来此越冬的丹顶鹤约 900 只,占世界总数的 60%以上,被 GEF(全球环境基金)列为中国湿地生物多样性保护与可持续利用项目。

废黄河的开发

一、土地利用

废黄河流域土地利用现状结构如图2-7所示,流域内各布境内的土地利用现状如表2-9。

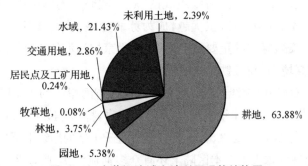

图2-7 废黄河流域土地利用现状结构图

表2-9 废黄河流域各市境内土地利用现状表

市		耕地	园地	林地	牧草地	居民点及工矿用地	交通用地	水域	未利用土地	合计
盐城	面积/km²	416.84	18.08	7.22	1.59	2.34	16.98	152.50	19.97	635.52
	百分比/%	65.59	2.84	1.14	0.25	0.37	2.67	24	3.14	100.00
淮安	面积/km²	293.87	27.72	7.72	0.00	1.10	9.98	92.18	5.07	437.62
	百分比/%	67.15	6.33	1.76	0.00	0.25	2.28	21.07	1.16	100.00
宿迁	面积/km²	151.47	17.10	14.42	0.00	0.53	6.86	42.45	3.04	235.87
	百分比/%	64.22	7.25	6.11	0.00	0.22	2.91	18.00	1.29	100.00

续　表

市		耕地	园地	林地	牧草地	居民点及工矿用地	交通用地	水域	未利用土地	合计
徐州	面积/km²	470.87	49.37	4.82	0.00	0.94	25.85	160.17	21.85	733.87
	百分比/%	64.16	6.73	0.66	0.00	0.13	3.52	21.83	2.98	100.00
合计	面积/km²	1 333.05	112.27	34.18	1.59	4.91	59.67	447.30	49.91	2 042.88
	百分比/%	65.25	5.50	1.67	0.08	0.24	2.92	21.90	2.44	100.00

二、港航资源与交通

该区北与欧亚大陆桥相邻,南距长江三角洲不足 300 km,位居我国"黄金水道""黄金海岸"和东陇海线组成的"π"型战略结构的中心;处于淮河的入海处,离日本、韩国近,区位优越,成为苏北盐城、淮安、宿迁 3 市,以及淮河流域河南、安徽等省的重要海上出口;西距京杭运河约 100 km,204 国道、通榆运河贯穿境内,新长铁路从西侧穿过。

废黄河三角洲海岸线长约 272 km,占江苏省海岸线的 1/4 以上,为淤泥质海岸。废黄河口附近岸线平直,深水岸线丰富,特别是废黄河口外－10 m 等深线贴岸、稳定,距岸不足 3.5 km,在江苏省近千千米的岸线上罕见,可以建设 10 万~20 万吨深水大港。本区陆上还有众多河流汇集,腹地及疏港条件好。其中,灌河有苏北的"黄浦江"之称;射阳河是苏北最长的天然河;淮河入海水道,从洪泽湖畔开始,至滨海扁担港,全长约 160 km,宽约 750 m,深约 6 m,集防洪、灌溉、航运于一体。因此,废黄河三角洲成为江苏淤泥质海岸建港条件最优越的地区之一,目前,射阳港已成为国家二级口岸、江苏沿海第二大海港。

江苏为能源消耗大省,每年购入的原油就有上千万吨,在长江沿岸港口分流和中转,成本高又不安全,废黄河口附近可尽快建成大型原油及天然液化气港口,使其成为江苏沿海能源集散地。本区岸段已有陈家港、燕尾港、堆沟港、滨海港、扁担港、射阳港、黄沙港、新洋港等,数量不算少,但规模小、效益低,造成岸线资源的浪费与破坏,应打破行政界限,实现港口合理配置和分工。射阳港开发早,基础好,为国家二级口岸,2018 年获批国家一类临时开放口岸资质,目前已有千吨级以上泊位 6 个及 1 个海上过驳平台,与韩国、日本及国内 20 多个港口通航,可建成区域主枢纽港;滨海港可利用淮河入海水道疏港条件,建成淮河下游最大的农副产品和矿产品进出通道及江苏能源大港;灌河港(包括堆沟港、燕尾港、陈家港),由于离连云港海上距离不足 50 km,可建成亚欧大陆桥东桥头堡的分流港。

三、旅游经济

废黄河三角洲风景优美,历史遗迹众多,乡土风情浓厚。射阳国家级自然保护区年接待游客达 10 多万人次,并已加入联合国"人与生物圈"计划,列入世界重要湿地名录。射阳河低平原,地面高程为 1.2～1.8 m,田野、村庄与水面贴近,与荷兰国家低地公园十分相似,这里既有乡村别墅,也有国际湿地高尔夫球场,旅游开发潜力巨大。淮河第一关"云梯关",既是古淮河口,也是历史上重要的商埠和防倭重镇,具有很大的历史与欣赏价值。响水、灌河以潮声"轰鸣响彻""如雷贯耳"而得名,以观潮看鲸赶海为特色。再有开山岛的风光、砂贝堤的古韵、万亩藕塘、十里菊香。废黄河三角洲还是淮盐的"摇篮",盐文化发达,盐灶、盐墩、盐场、盐河、盐商、盐贩,构成一道人文景观。这里还流传着"后羿射日""盘古开天"的传说,还有生猛海鲜、奇珍异品,以及灌河大桥、射阳河闸等人工巧匠的杰作,令游人流连忘返。

第三节　　数字黄河故道

拟通过遥感卫片解读、无人机拍摄、地理信息系统的 DEM 技术手段,建立苏北废黄河规则格网点的平面坐标(X,Y)及其高程(Z)的数据集,通过等高线或相似立体模型进行数据采集(包括采样和量测),描述苏北废黄河的地貌形态、等高线、坡度、坡向及其空间分布,对废黄河开发利用进行可视化表达。本案例尝试模拟废黄河兴衰演变的仿真模拟,阐述其机理、过程和动力学原理,动态提供情境教学和实地调查的方案,将情景式教学模式、案例教学模式、参与社会调查模式数字化,并通过网上直播、微信公众号、网红打卡地、专家教授小视频、实习实训全过程实录等形式记录下来,相关成果拟与智慧树平台合作,进一步展现高质量、数字化的废黄河。

本节相关数字化资料,请微信扫描下方二维码获取。

⫻⫻ 知识窗 ⫻⫻

- ⊙ 废黄河与黄河故道
- ⊙ 淮河怎样入海?
- ⊙ 黄河为什么这么黄?
- ⊙ 废黄河的现代

【参考文献】

[1] 宋瑞平.水土保持基本理论及其在废黄河流域综合治理中的应用研究[D].南京:河海大学,2005.

[2] 刘芸辰.废黄河流域滩地资源可持续利用评价研究[D].南京:河海大学,2006.

[3] 叶正伟.苏北废黄河带水土资源现状与治理对策[J].江苏农业科学,2009(3):410-413.

[4] 张义丰.黄河故道的环境特征与整体开发[J].地理研究,1998,17(3):289-296.

[5] 戴仕宝.中国流域自然作用和人类活动对(河流)入海泥沙的影响——以长江为重点[D].上海:华东师范大学,2006.

[6] 陈洪全,张忍顺.废黄河三角洲生态修复设想[J].生态学杂志,2006,25(1):70-73.

[7] 叶正伟,朱国传,陈良.苏北废黄河资源现状与利用模式探讨[J].江苏农业科学,2003(6):117-120.

[8] 梁子瑜.基于TLS点云数据的林分调查因子测定及收获估计[D].南京:南京林业大学,2015.

[9] 徐鸿儒.黄河改道入黄海刍议[J].港口经济,2008(11):44-45.

[10] 周倩倩.华中革命根据地的两淮盐业活动[J].党史研究与教学,2014(3):60-68.

[11] 渠俊峰,李钢,张绍良,等.江苏段黄河故道水土资源潜力分析与治理模式研究[J].江苏农业科学,2009(5):288-290.

[12] 陈洪全.废黄河三角洲资源禀赋与可持续发展对策[J].国土与自然资源研究,2005(2):64-65.

[13] 陈洪全.废黄河三角洲区域可持续发展的战略选择[J].海洋科学,2006(2):47-52.

第三章
中国南北地理分界线
——淮河入海通道

淮河入海口

淮河作为中国南北地理分界线,发源于河南省桐柏山区,由西向东,流经湖北、河南、安徽、江苏四省,干流在江苏扬州三江营入长江,全长约1 000 km,是我国唯一没有天然入海口的大河(图3-1)。然而淮河在历史上是有入海口的独立水系,后来黄河夺淮入海,黄河中的大量泥沙淤积在淮河下游,堵塞淮河入海口,抬高河床。1855年黄河入海口重新转向注入渤海,原来的黄河下游河道逐渐枯萎干涸,形成一道高出地面数米的分水岭(废黄河口),此后淮河水无处可去,只能通过大运河汇入长江,入江口地理交汇点位于扬州市邗江区。

图3-1 淮河入海口区位图

长江充当淮河天然的入海通道后,淮河70%以上的水量是通过长江入海的,但是沿途的大运河河道较窄,流量有限,在淮河流域降水充沛的年份易造成长江下游洪涝灾害频发。中华人民共和国成立后,国家修建了苏北灌溉总渠,利用洪泽湖水源,发展废黄河以南的苏北地区灌溉输水干渠。近年来在江苏省射阳县又修建了新的入海通道,该人工入海通道西起洪泽湖二河闸,东至滨海县扁担港,与苏北灌溉总渠平行,居原干渠北侧,全长163.5 km。此通道具有引水排涝、通航、改善生态环境等综合利用功能。

第二节 **苏北灌溉总渠**

　　苏北灌溉总渠位于淮河下游江苏省北部,西起洪泽湖,东至扁担港口,横贯淮安、盐城两市,渠道全长 168 km,是淮河及洪泽湖以下排洪入海通道之一,又是引进洪泽湖水源发展废黄河以南地区灌溉的引水渠道,兼有排涝、引水、航运、发电、泄洪等多项功能。

　　苏北灌溉总渠工程由江苏省治淮工程指挥部组织施工,工程始建于1951 年 10 月至 1952 年 5 月竣工,现总渠沿线分别建有高良涧进水闸、运东分水闸、阜宁腰闸、六垛挡潮闸,并在高良涧、运东、阜宁三闸附近分别建有水电站、船闸等建筑物(图 3 - 2)。沿总渠两岸建有灌排涵洞 36 座,渠北排涝闸 2 座和跨河公路桥梁 4 座。总渠与二河之间还建有高良涧越闸,增辟了一个排洪入总渠的口门,以更好地发挥总渠的排洪潜力。总渠设计引水流量为 500 m^3/s,计划灌溉里下河和渠北地区 360 余万亩农田。汛期排洪流量约为 800 m^3/s,当渠北地区内涝加重时,则利用总渠和排水渠之间的渠北、东沙港两排水闸,调度涝水经总渠排泄入海,以减轻渠北排水渠的排水负担。

　　渠底宽自上往下有 140、50、60 与 110 m 共 4 种,一般挖深与堤高各为3 m 左右。渠首设高良涧进水闸、船闸及发电站。在淮安京杭运河交岔处设运东分水闸、船闸、发电站及京杭运河上的淮安节制闸、船闸和江水北调的淮安抽水站,并在运东分水闸下与里运河之间开挖斜河沟通,以便江都站来水直送总渠的中下游。在东沙港附近建第三级控制阜宁腰闸枢纽(节制闸、船闸和水力发电站)。入海口设六垛南闸,以防潮御卤。高良涧至淮安段总渠为淮河

图 3-2 苏北灌溉总渠实景(左侧的河道是灌溉总渠,右侧河道是入海水道)

上中游与京杭运河航运纽带,也是淮(淮南)申(上海)煤运航线和南水北调东线输水干渠的重要组成部分,下游阜坎船闸为通(南通)榆(赣榆)航线所必经。苏北灌溉总渠河道顺直,西段洪泽湖高良涧至淮安运东闸河段长约 35.5 km,底宽 50~120 m,水深 3~4 m;运东闸以东至六垛南闸约127 km,底宽逐渐收小为 30~60 m,水深加深到 5~7 m,全线虽基本具有三级航道水平,但由于灌溉总渠是一条水利与交通综合利用河道,在排灌期间水位会下降,有的河段水深只有 1.5 m,故仅作为七级航道维护,一般通行 60~100 t 级船舶。据阜宁船闸统计,1987 年船舶通过量为 9.17 万艘、498.38 万吨,其中重载为 5.03 万艘、257.64万吨,大宗运输物资以砂石、矿建材料、煤炭为主。

江苏省灌溉总渠管理处负责总渠配套建筑物管理和水源调度,渠堤由沿线各县(区)相关管理单位负责维修管理,各级管理单位均建立安全观测和管理运用的规章制度。苏北灌溉总渠经过多年排涝、泄洪检验,各项技术指标均达到设计要求,为苏北里下河地区的灌溉和淮河下游排洪做出了重要贡献。北灌溉总渠主要有两大作用:淮河排洪入海的出路之一;引洪泽湖水发展废黄河以南里下河地区的灌溉。苏北灌溉总渠的设计可以灌溉里下河平原和渠北地区的 360 多万亩农田,此外也兼有航运、发电等功能。

第三节	数字淮河入海通道

本案例是建立淮河入海通道的虚拟现实场景,通过高分辨率的遥感及无人机影像,高精度的数字高程模型 DEM 作为输入的场景数据,建立淮河入海通道三维数据集。通过 GIS 分析刻画再现淮河入海通道的地貌形态、等高线、坡度、坡向及其空间分布。再建立水流运动模型模拟入海通道水涨落的水动力过程,动态展现情境教学辅助阐述其机理、过程和动力学原理。此外,结合实地调查的方案,将情景式教学模式、案例教学模式、参与社会调查模式的数字化,并通过网上直播、微信公众号、网红打卡地、专家教授小视频、实习实训全过程实录等形式记录下来,相关成果拟与智慧树平台合作,宣传推广高质量、数字化的淮河入海通道。

本节相关数字化资料,请微信扫描下方二维码获取。

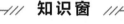

知识窗

◉ 淮河入海口
◉ 苏北灌溉总渠

【参考文献】

［1］沈付君.苏北灌溉总渠建设历史回顾[J].档案与建设,2017(11):51-53.

［2］席荣,沈保根.淮河入江、入海通道研究[J].中国水运,2015(12):25-26.

［3］吴立新.苏北灌溉总渠槽蓄曲线推算及其在防洪预报调度中的应用［J］.中国防汛抗旱,2012,22(3):46－47＋73.

［4］郭雄风.近代水利科学知识与淮河水域治理研究——以《地学杂志》(1910—1937)为中心［D］.石家庄:河北师范大学,2021.

［5］苏北灌溉总渠——导淮入海泽被苏北［J］.中国防汛抗旱,2020,30(5):1－2.

第四章

中国第四大淡水湖

——洪泽湖

洪泽湖(东经118°10′～118°52′,北纬33°06′～33°40′)位于江苏省西部(图4-1),是淮河流域最大的淡水湖泊,也是我国第四大淡水湖。洪泽湖地处南北气候过渡带,属暖温带湿润季风气候区,年均气温10～16℃,年均降水量959 mm。洪泽湖水表面积巨大,横跨淮安和宿迁2市,西纳淮河,南注长江,东贯黄海,北连沂沭水系,承接15.8万平方千米的中上游来水,平均水深约为1.5 m,最大水深约为5.5 m,总库容达135亿立方米。

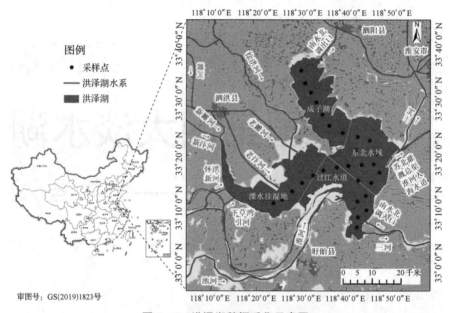

图4-1 洪泽湖数据采集示意图

洪泽湖大堤是淮河下游的重要防洪屏障,承担着保护2 000万人民生命财产安全的重任。洪泽湖是一个"蝶"状的巨型平原水库,具有防洪、蓄水、航运和生态等功能。洪泽湖的存在不仅为淮河下游地区防洪安全和水资源供给发挥了巨大的效益,也为淮河上中游地区的治理创造了条件,极大减轻了淮河流域洪涝灾害造成的损失。

洪泽湖有7条主要入湖河道,分别是淮河干流、池河、怀洪新河、新汴河、奎濉河、老濉河和徐洪河,其中淮河来水占总入湖径流量的70%以上,是洪泽湖水量的主要补给源(图4-2);洪泽湖的出水主要靠人工通过三河闸、二河闸和高良涧来控制。另外,洪泽湖出湖河道有淮河入江水道、入海水道、分淮入沂、苏北灌溉总渠和废黄河等 5 条主要通道,分布于洪泽湖的东部,其中入江水道是主要的排水河道,其下泄水量约占洪泽湖总出水量的 60%~70%。

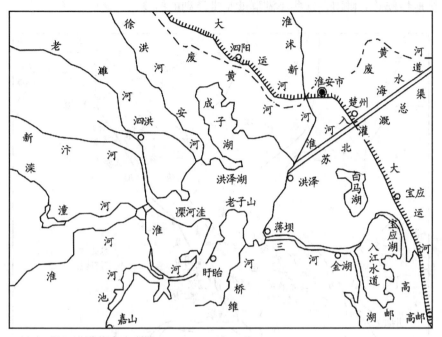

图 4-2　洪泽湖流域水系

第一节　　洪泽湖的成因

洪泽湖的形成主要有地质、水文和人为三个方面的原因。

一、地质因素

地壳断裂形成的凹陷,是洪泽湖形成的自然因素。洪泽湖湖盆始于唐宋以前的小湖群,主要有富陵湖、破釜涧、泥墩湖和万家湖等(图4-3)。这些小湖泊分布在淮河右岸,平时与淮河互不相通,但是在汛期时湖水常常侵扰地势较低的耕田。这些小湖群就是洪泽湖的前身。

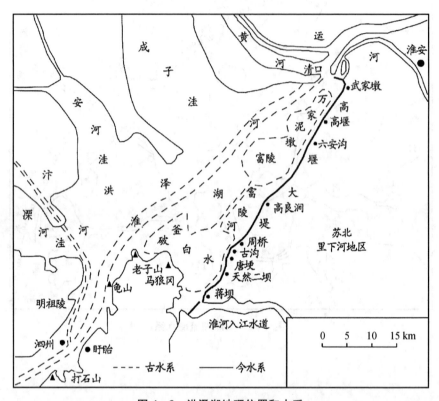

图4-3 洪泽湖地理位置和水系

二、水文因素

黄河夺淮是形成洪泽湖雏形的客观因素。公元12世纪以前,淮河并不像现在这样注入长江,再入海,而是在涟水东面独流入海。当时的淮河既宽且深,上游来水可直达入海,但是公元1194年,黄河南堤决口,黄河水在清口直接注入淮河。随着黄河水而来的泥沙淤塞了淮河的干流和许多支流,黄河洪水在淮河流域肆意泛滥,且河床越积越高。淮河水因为淤积的河床无法进入下流河道,在淮河东岸的小湖群处淤积,淮河与诸湖塘合而为一,洪泽湖有了雏形。

三、人为因素

洪泽湖大堤的建成标志着洪泽湖的完全成型。加固加高的洪泽湖大堤使得湖水只能向西向北两面扩展。向西扩展的最终结果是淹没了明祖陵和泗州城;向北扩展的结果是使现今的溧河、安河和成子三大洼地与洪泽湖连成一片,洪泽湖终于稳定下来。

第二节 　　**洪泽湖的特色**

一、功能定位

洪泽湖地处国家大运河文化带和江淮生态大走廊的结合部,是黄淮海地区防洪安全、供水安全、生态安全的关键节点,是生态经济发展、历史文化传承的重要依托,兼有航运、水产养殖和旅游等多项功能,在国家经济社会发展,以及江苏省主体功能区布局中有突出的战略地位和生态功能。

1. 防洪保安功能

洪泽湖位于淮河中下游结合部,是淮河流域最大的湖泊型水库,承接淮河上中游豫皖两省约 15.8 万平方千米的洪水,保护着江苏省淮河下游地区 2 000 多万人口、3 000 多万亩耕地,其调节洪水的能力对于淮河中下游防洪至关重要,是淮河下游防洪体系的重要组成部分。洪泽湖湖底高程一般为 10～11 m,高出下游地区 4～8 m,设计洪水位 16 m,更高出下游地面 10 m以上,是一座名副其实的"悬湖"。由于入湖洪峰洪量大于下游洪水出路的泄洪能力,在下游入江入海通道全力排洪的情况下,上游洪水必须经过洪泽湖的滞蓄错峰调节,并通过周边约 1 700 km² 圩区临时滞洪,才能维持不超过设计洪水位。

2. 水资源调蓄功能

洪泽湖是国家南水北调东线工程的重要水源地和输水干线上最大的调蓄湖泊,承担着南水北调东线工程的调水蓄水功能,每年需要调出数十亿立方米的水资源供给山东、河北、天津等地区。洪泽湖也是江苏省淮北地区的主要水源,沿湖周边和下游地区现实际灌溉面积达 290 万亩,年均供水量约 140 亿立方米,是淮北地区和沿海开发的主要水源。湖内还有泗阳卢集、泗洪龙集两个城镇的集中式饮用水源地,供水能力分别为 4 万吨/日和 7.5 万吨/日。根据京津冀地区,尤其是雄安新区的发展用水需求,国家正在推进南水北调东线二期工程规划,继续加大调控水量,使得洪泽湖的水资源调蓄功能得到进一步强化,水质保障的要求将进一步提高。

3. 生态保护功能

江苏省第十三次党代会关于江淮生态经济区战略部署中,明确将洪泽湖等重点湖泊定位为江淮生态大走廊的生态绿心,要求以湖为中心,践行绿色发展路径,形成全省生态安全保障的“绿心地带”,实现“生态清淤、聚泥成岛”。《江苏省主体功能区划》将洪泽湖确定为“两横两纵”生态保护格局的重要组成部分,要求提升生态功能。已出台的《江苏省国家级生态保护红线规划》也将洪泽湖划入生态红线区域,要求强化生态保护与修复。

二、丰富的旅游资源

洪泽湖跨淮安、宿迁两市,属洪泽、盱眙、淮阴、泗洪和泗阳五县(区)共同管辖。洪泽湖旅游资源丰富且具有自身的特色。

1. 独特的湿地景观

洪泽湖是我国重要的湿地资源基地之一,有着入湖河口滩地、滨湖河漫滩、湖面、围垦混合带、河道、湖湾水面、堤岸向陆地过渡带等各具特色的湿地景观,突显出类型多样、分布广泛、独具特色、知名度大、地域组合理想等优势特点,丰富的湿地资源和内容各异的自然景观为发展生态旅游奠定了坚实基础。随着生活水平的不断提高,人民生活品质的提升,文化的熏染日益强烈,因此,加快洪泽湖生态旅游开发,适逢其时。洪泽湖的开发应在保护原有环境的基础上,发挥自身特长,吸引苏北、沪、宁,乃至其他国内外游客的到来。

2. 丰富的生物资源

洪泽湖地处北亚热带和暖温带的过渡地带,既有南方温暖潮湿的气候特征,也有北方的季风性气候特征,这种交错的生态效应使得洪泽湖湿地保护区内生物种类繁多,并且生物网效应良好。植物资源共包括 44 科 129 种,动物资源包括 7 个类群,浮游动物、底栖动物、鱼类、两栖类、爬行类、鸟类和兽类总种数超过 300 种,并且近来还多次发现世界濒危鸟类多种,如震旦鸦雀。

3. 众多的名胜古迹

由于洪泽湖独特的地理位置,其周边有众多的风景名胜,比如稳定洪泽湖水域的千年古堰——洪泽湖大堤;国家 3A 级风景区——明祖陵;洪泽湖渔文化保护实验区;宗教名胜——老子山;淮上文化源——龟山风景区、水釜城风景区、洪泽湖湿地公园 4A 级风景区。主要景点有万顷碧波、百里长堤、港坞帆樯、镇水铁牛、老君遗踪炼丹台、青牛蹄迹、凤凰墩、安淮寺、水母井、淮渎碑、名人石刻、雄伟的三河闸与二河闸水利工程、乾隆皇帝亲笔碑刻、毛泽东手书等。此外,还有水漫泗州、九牛二虎一只鸡、鱼吃仙丹、刘基造堤、彩船带姑娘、乾隆皇帝找父亲等众多内涵丰富的文化传说。

三、丰富的物产资源

洪泽湖湖水面积广阔,气候适宜,物产资源丰富。洪泽湖水生植被茂盛,占全湖湖水面积的三分之一,主要水生植被包括芦苇、荇菜、马来眼子菜、苦草等。据说芦苇茂密处,船只都难以通行。丰富的水生植被为湖中鱼、虾、蟹提供了天然的饵料。湖内有鱼类近百种,以鲤、鲫、鳊、青、草、鲢等为主。此外,洪泽湖是中国大湖中唯一的活水湖,其生态环境有利于优质大闸蟹的生长,因此洪泽湖的大闸蟹也是驰名海内外。洪泽湖还盛产莲藕、芡实、菱角,曾有"鸡头、菱角半年粮"的说法。但是洪泽湖水利工程的修建,日渐扩大的采砂规模,水体营养负荷的增加导致湖中生物资源有一定的回落。

1. 渔业养殖面积及渔获量

渔业养殖面积的大小制约着渔获量的大小。养殖区、资源增殖区,以及资源环保区构成了洪泽湖水域。由于水环境等问题必须严格控制养殖区面积的大小。洪泽湖养殖区的总面积约为 26.468 km²,共分布在淮阴、盱眙、泗洪、泗阳、宿城等地区。

渔获量和渔业产值,是渔业生产的目标与成果,更是显示一个地区渔业发展水平的重要指标。在现有渔业养殖面积不再扩大的情况下,政府积极管理和增强渔业养殖技术,洪泽湖的渔获量连年增加。据 2019 年相应数据统计显示,从 2009 年开始,洪泽湖渔业产值分别增长了 13.28%、12.71%、16.53%、10.39%和 5.02%,年均增长 14.59%。2014 年,洪泽湖渔业总产量 3.78 万,其中养殖产量 2.18 万吨,捕捞产量 1.49 万吨;洪泽湖各产业总产值 19 亿元,其中一产业产值 12.5 亿元,加工与经营二、三产业产值 6.5 亿元。一产中养殖产值 10.6 亿元;捕捞产值 1.89 亿元。洪泽湖渔民户均收入达 61 496 元,人均纯收入 13 719 元,其中涉渔收入 11 970 元,其他收入 1 749元。

洪泽湖渔业的迅速发展有利有弊。渔业的迅猛发展和巨大的渔获量是周边渔民的主要生活来源,也是促进周边地区社会经济发展的强心剂。但是近年来,因经济发展出现的诸多新型问题严重制约着洪泽湖渔业的发展。比如,过度采砂,以及偷采等导致洪泽湖水体的透明度下降,破坏了洪泽湖的水下光场,导致洪泽湖水生植被退化,影响了渔获量。

2. 渔获结构

据近年调研数据显示,洪泽湖鱼类资源的优势种前十位中,鲢、草鱼等是主要的放流品种,体现了增殖放流的效果。鲫、鲤鱼为定居性鱼类,显现出洪泽湖鱼类资源与环境保护的成效。近年鱼类群落生物多样性指数处于正常的波动范围内,预示着鱼类群落处于相对稳定的状态。需要关注的是,近年来的鱼类资源监测结果显示,洪泽湖的江河洄游性鱼类资源状况不容乐观,除了鲢、鳙、草鱼等放流品种外,未曾放流的江河洄游性鱼类资源量较少。另外,鱼类资源的小型化特征较明显。

四、中国龙虾节

"中国盱眙国际龙虾节"是江苏省盱眙县人民政府自 2000 年 7 月成功举办"中国龙年盱眙龙虾节"后,每年定期举办的传统节日。每一次的中国盱眙国际龙虾节都精心举办了各种活动,是一场集视觉、听觉、味觉的盛宴。

第三节 洪泽湖的开发与保护

一、存在问题分析

过去较长一段时期,由于在发展观的定位、政绩观的导向、生态观的认识上不同程度存在偏差,洪泽湖开发利用较为粗放,经济发展与环境保护的矛盾逐渐凸显。目前,洪泽湖主要存在三个方面的问题。

1. 非法圈圩造成兴利调洪库容减少

1949 年以来,洪泽湖经历了多次大规模的"湖滩圈圩",湖泊面积不断萎缩,部分沿湖自然岸线和生态湿地丧失。洪泽湖各年代围垦情况的监测显示,2005 年以前围垦湖面 298 km²,2005—2010 年间新增围垦面积 108 km²,至 2010 年共计围垦总面积 406 km²,占蓄水范围面积的 23%。据研究,1985—2019 年洪泽湖湖区自由水面区不断缩小,洪泽湖兴利库容和调洪库容也出现相应的减小,研究表明洪泽湖的调蓄能力随着围垦的加剧而明显下降。2006 年,省政府批复《江苏省湖泊保护规划》以来,江苏省持续加大了涉湖违法建设行为的打击力度,尤其是在十八大后开展的洪泽湖清障专项行动中,对新增违法圈圩进行了全面清除,非法圈圩势头得到遏制。但由于历史原因,现仍有 330 km² 的圈圩面积未能得到清退,约侵占蓄水兴利库容 4 亿立方米,占比 12%,相当于江都站以 400 m³/s 满负荷运行 15 天的抽水量。如圈圩堤防逐步加高,将侵占调洪库容 14 亿立方米左右,占比 22%,相当于现淮河入海水道满负荷运行 10 天左右的外排水量。

2. 无序养殖造成湖泊水质恶化

根据近年监测分析,洪泽湖水体水质 COD、氨氮双指标评价为 Ⅱ 类,但总氮评价为劣 Ⅴ 类、总磷评价为 Ⅳ 类,新汴河、安东河、濉河等部分入湖河道水质指标也较差。洪泽湖局部湖区富营养化严重,局部区域常年夏季出现不同程度的蓝藻集聚现象,影响供水安全。湖体水质变差的原因,除受部分入湖河道水质影响外,主要是湖内有 74 万亩左右的圈圩养殖和围网养殖,远超《江苏省洪泽湖渔业养殖规划》确定的 25.5 万亩控制面积,大量的残饵、代谢物、药物造成了水体污染严重。

3. 防洪保安仍存在压力

目前,洪泽湖及淮河下游防洪标准仅为 100 年一遇,尚未达到国家规定的 300 年一遇标准。淮河入海水道二期工程尚未实施,淮河下游地区防洪安全度还不高,区域经济社会可持续发展还存在安全风险。另外,根据国家防总批准的淮河洪水调度方案要求,当洪泽湖水位超过 14.5 m 时,洪泽湖周边需要滞洪,而滞洪区安全建设工程滞后、沿湖挡洪堤能力不足,滞洪区内约有 1 515 km² 面积、84 万人口面临洪水威胁。当遭遇超标准洪水时,渠北地区还需分洪,约 1 685 km² 面积、155 万人口可能遭受灭顶之灾,不仅经济损失巨大,还可能造成难以挽回的重大影响。

二、开发与保护对策

根据洪泽湖及周边地区的功能定位和生态经济发展方向,从健全洪泽湖长效管护机制、解决洪泽湖现状存在的突出问题、提升洪泽湖综合功能等方面,提出以下建议。

1. 强化洪泽湖退圩还湖工作

退圩、退渔还湖有利于恢复湖泊调蓄能力,改善湖泊水质,修复生态环境,实现湖泊生态效益、环境效益和经济效益的共赢。根据省政府批复的《江苏省洪泽湖保护条例》,建议由省水利厅牵头组织编制《洪泽湖退圩还湖规划》报省政府审批,淮安、宿迁两市以县区为单元编制实施方案。按照省级统一规划、市级组织协调、县区分头推进的原则,加快推进退圩还湖工作。研究制定退圩还湖激励政策。退圩还湖工程量大,资金投入多,涉及多方利益,推进难度一直很大。建议研究在湖内一定区域保留少量弃土区,所形成的土地收益解决地方政府退圩还湖资金投入问题,充分调动地方政府实施的积极性;同时建立退圩还湖省级公共财政投入机制,研究出台省级资金奖补办法进行引导,实行"先退后补、多退多补、过期不补"的奖补政策,推进退圩还湖实施进度。

2. 协同推进水污染防治和"三乱"整治

鉴于洪泽湖的管理保护、开发利用,以及综合治理涉及多个政府部门的协调管理,建议由省政府办公厅牵头,同时保证水利、环保、国土、公安等部门参加,积极开展洪泽湖综合治理专项行动,以还洪泽湖一片"碧水蓝天"。整治活动可分为以下五点:(1)加强污染源头发现及治理,调整产业结构,积极快速开展企业污水、废料的治理及回收,同时强化治理农业及养殖业的面源污染,推进污水处理厂的建设和运行,避免污水直接排放进入河流;(2)集中整治水质污染问题突出的入湖河道,如维桥河、老濉河等,积极落实"河长制",同时加强上游来水水质监测的频次和力度,及时报告,及时治理;(3)河湖内源污染整治,对重点河段底泥进行清淤疏导,同时加强各种船舶管理,对于污染严重的船舶实行严格的管控策略;(4)加大湖岸线的治理力度,严格执行生态红线策略,同时巩固非法采砂的专项活动整治成果,坚决防止非法采砂行为反弹,严厉打击非法占用岸线等行为;(5)对湖内划有基本农田的,督促地方政府进行整改,即时调出。

3. 加快实施滞洪区建设等重点民生工程

洪泽湖周边滞洪区是应对设计标准以内洪水的一项重要措施。现大部分迎湖挡洪堤矮小单薄,不能挡御洪泽湖 14.5 m 洪水位的要求,洪峰来临时,广大居民的生命和财产安全存在隐患。因此,洪泽湖挡洪堤加固等工程内容已纳入了国家 172 项重大工程,同意结合洪泽湖周边滞洪区建设提高迎湖挡洪堤标准。鉴于退圩清障后挡洪堤根基不稳固,在大风巨浪的冲击下,挡洪堤安全隐患更加严重,应建设一条集环湖挡浪堤、防汛抢险、生态观光、道路交通等功能为一体的环湖堤防,推动周边地区生态经济发展。

三、治理与保护成效

洪泽湖的治理与保护一直是江苏省水利工作的重中之重。2015 年 9 月省政府批复成立洪泽湖管理委员会以来,省水利厅在省委省政府的正确领导下,在沿湖地方政府和相关部门的共同努力下,不断加强治理与保护工作,取得了明显成效。

1. 防洪保安能力进一步提升

洪泽湖是淮河下游防洪体系的核心,是江苏省防洪的重中之重,也是全国防洪的重点之一。近年来,陆续实施了淮河入海水道一期工程、淮河入江水道整治工程、分淮入沂整治工程、洪泽湖大堤除险加固等工程,扩大了洪水下排出路,提升了洪泽湖大堤挡洪能力,洪泽湖及下游地区防洪标准已达到 100 年一遇。

2. 资源管理持续加强

经洪泽湖调蓄向山东送水累计达到 29 亿立方米,淮安、宿迁 2 个调水保护区水质达标率一直维持在 100%;从洪泽湖直接取水的 2 个城镇集中式水源地水质稳定达标;砂石资源禁采取得决定性成效,实现盗采行为和滞留采砂船"双清零";淮河干流及洪泽湖周边地区"三乱"(乱占、乱建、乱排)整治,排查违法违规行为 159 起,清理完成 101 起,非法风电等一批建设项目得到查处。

3. 管理能力不断提升

在全省率先试点开展湖泊网格化管理,125 名网格长履职尽责;洪泽湖(泗阳)退圩还湖获省政府批复,非法圈圩连年保持"零增长"。各部门联合巡查执法形成常态,水文、水质、水生态各要素监测全面覆盖,GPS 定位、遥感监测、视频监控等信息数据运用效能持续提升。

第四节　数字洪泽湖

　　拟通过遥感卫片解读、无人机拍摄、地理信息系统的 DEM 技术手段,对洪泽湖一定范围内规则格网点的平面坐标(X, Y)及其高程(Z)的数据集,通过等高线或相似立体模型进行数据采集(包括采样和量测),描述洪泽湖湖区地貌形态、等高线、坡度、坡向及其空间分布,对洪泽湖及其水系进行可视化表达。本案例以人地关系为主线,展现洪泽湖小区域典型概况,模拟洪泽湖湖水涨落过程、洪泽湖生态走廊,阐述其机理、过程和动力学原理,动态提供情境教学和实地调查的方案,将情景式教学模式、案例教学模式、参与社会调查模式数字化,并通过网上直播、微信公众号、网红打卡地、专家教授小视频、实习实训全过程实录等形式记录下来,相关成果拟与智慧树平台合作,进一步展现高质量、数字化的洪泽湖。

　　本节相关数字化资料,请微信扫描下方二维码获取。

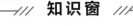

◉ 洪泽湖介绍

◉ 洪泽湖泄洪

【参考文献】

［1］雷少华.洪泽湖无机悬浮物浓度垂向分布遥感监测研究［D］.南京:南京师范大学,2020.

［2］张瑞虎.洪泽湖的成因及其水灾治理［J］.农业灾害研究,2012,2(3):72－75.

［3］陈立冬,何孝光,王阳,等.江苏省洪泽湖退圩还湖的思考［J］.江苏科技信息,2019,36(12):75－77.

［4］邱禹尧.洪泽区农发行引资金活水助力长江大保护［N/OL］.江苏经济报,2020－12－17(A04)［2022－07－08］.

［5］蒋晨阳.后申遗时代加快洪泽湖旅游开发的思考:以杭州西湖为参照［J］.现代商业,2016(32):52－53.

［6］杨春红,杨双.江苏洪泽湖渔业发展现状、问题及对策研究［J］.农村经济与科技,2016,27(22):40－41.

［7］百度百科.中国国际龙虾节［EB/OL］.［2022－07－08］.http://baike.baidu.com/history/id＝11596941.

［8］龙虾小镇的异军突起.中国政府采购报,2017－06－06(002).

［9］赵一晗.洪泽湖综合治理与保护的调查和思考［J］.治淮,2018(11):61－62.

［10］赵世雄.淮河入洪泽湖段岸滩及湖区围垦演变影响研究［D］.天津:天津大学,2020.

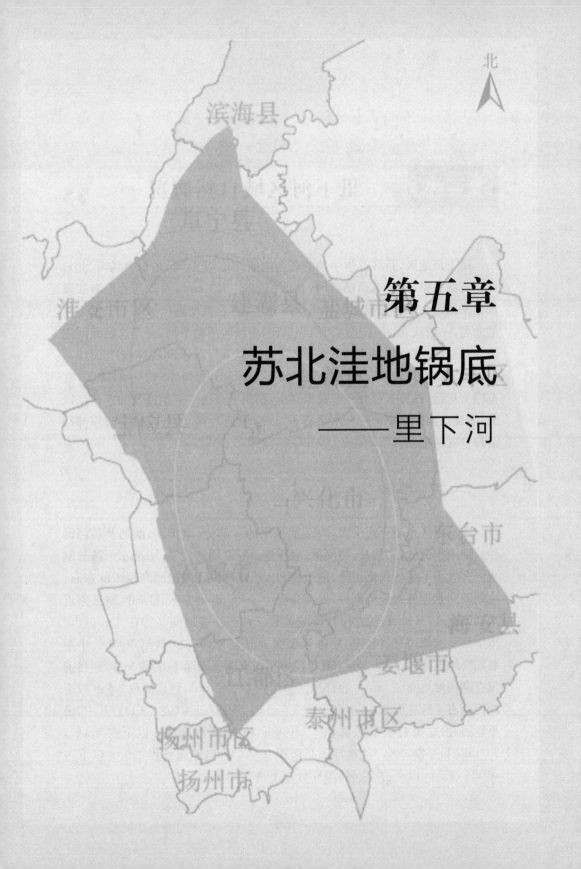

第五章

苏北洼地锅底

——里下河

里下河区域自然概况

里下河地区,是江苏省中部的著名洼地,西起里运河,东至串场河,北自苏北灌溉总渠,南抵老通扬运河,总面积约 13 510 km²,属江苏省沿海江滩湖洼平原的一部分。里下河并不是一条河,而是指地理区域。关于里下河的命名,一般认为:由于里运河简称里河,串场河俗称下河,介于这两条河道之间的地区,被称为里下河。根据《江苏省里下河区水利治理规划 2018》,里下河地区地理位置介于东经 119°08′~120°56′,北纬 32°12′~34°10′。其范围为里运河以东,苏北灌溉总渠以南,扬州至南通 328 国道及如泰运河以北,海堤以西。根据地形和水系特点,以通榆河为界,划分为里下河腹部和沿海垦区两部分。

一、地形地貌

腹部地区系里下河平原,为江淮平原的一部分,由长江、淮河及黄河泥沙长期堆积而成,四周高,中间低,呈碟型,俗称"锅底洼"。中部水面被分割成许多大小不等的湖荡沼泽,射阳湖和大纵湖周围湖滩地面高程 1 m 左右。由湖滩向盆地外缘地势渐高,地面高程为 3~5 m,淮安区、江都区城区附近地面高程 6~7 m,长江北岸沙嘴与黄淮三角洲沙嘴地面高程在 5 m 以上。里下河平原周边开发较早,中部湖荡滩地开发较迟。20 世纪 50 年代中期有湖荡滩地超过 1 300 km²,60 年代中期尚有湖荡滩地 1 073.2 km²,到目前仅有湖荡滩地 60.7 km²。腹部地区总面积 11 722 km²,地面高程 2.5 m 以下的面积占全区总面积 58.9%,高程 3.0 m 以下占 80.1%(表 5-1)。其中,沿里运河、沿总渠自流灌区面积 2 340 km²,地面高程 2.5 m 以下占 4.1%,3.0 m 以下占 28.0%。洼地圩区总面积 9 382 km²,地面高程 2.0 m 以下占40.1%,2.5 m 以下占 72.6%,3.0 m 以下占 93.2%。

表 5−1　里下河腹部及沿海垦区不同地面高程面积　　　　单位:km²

地面高程/m	分区面积				合计	
	腹部地区		沿海垦区			
	面积	%	面积	%	面积	%
1.5 以下	1 669.0	14.2	952.2	9.9	2 621.2	12.3
1.5~2.0	2 095.7	17.9	1 978.6	20.6	4 074.3	19.1
2.0~2.5	3 144.6	26.8	1 546.8	16.1	4 691.4	22.0
2.5~3.0	2 489.9	21.2	882.4	9.1	3 372.3	15.8
3.0 以上	2 322.8	19.9	4 260.0	44.3	6 582.8	30.8
合计	11 722.0	100	9 620.0	100	21 342	100

　　沿海垦区,即滨海平原,原以 204 国道为界,现指通榆河以东地区,总面积 9 620 km²,地面高程 2.5 m 以下的面积占全区 46.6%,高程 3.0 m 以下占 55.7%。据历史记载,在江淮平原东侧的岸外沙堤形成以后,才逐步淤涨而成。射阳河口以北属废黄河三角洲平原,射阳河至北凌河口为滨海平原,北凌河至如泰运河口东安闸属长江三角洲平原。该地区地势较为平坦,从东南向西北缓慢倾斜,以斗龙港为界,地形南高北低,斗南地面高程 3.0 m 以上,弶港附近地面高程 5.0 m 左右;斗北地区高程 2.0 m 左右,射阳河下游地面高程最低处不足 1.0 m,是江苏平原最低部分。

　　海堤以东 20~30 km 范围内的海滩,总面积约 1 680 km²,尚未完全脱离海水浸淹,大部分为草滩,江苏沿海滩涂围垦计划实施 270 万亩滩涂围垦,是我省主要后备土地资源,也是正在开发建设的"海上苏东"地区。

二、河流水系

　　里下河地区是淮河流域洪泽湖下游重点防洪保护区。外部有流域性洪水和海潮威胁,内部也存在着区域性洪水危害。里下河地区历史上是流域洪水走廊,里运河东堤建有归海五坝。当洪泽湖水位涨到一定高度时,开坝分泄淮河洪水入海,里下河地区成为一片泽国。1949 年后,我国从挡御洪水、潮水入手,加固洪泽湖大堤,开挖灌溉总渠,修筑海堤,加固里运河堤防,其堤防成为防御淮河洪水以及海潮侵袭的外围屏障,又沿通扬公路沿线进行了封闭,挡住通南地区高地水入境,使里下河地区成为一个相对独立封闭的水系。目前,腹部地区形成了以射阳河、新洋港、黄沙港、斗龙港、川东港等五港自排入海为主,以江都站、高港站、宝应站分别通过新通扬运河、泰州引江河、潼河抽排入江为辅的排水体系。沿海垦区均建闸控制,既是排泄里下河腹部洪涝水的入海通道,又按地面高程形成独立排水区,分为夸套、运棉河、利民河、西潮河、大丰斗南、东台堤东、斗南南通等 7 个区域,22 个独立自排区自排入海。

历史上里下河地区一直是淮水灌区,在淮河中游干流蚌埠建闸控制后,作为淮河灌溉水源减少的补偿工程,在里下河地区西南边缘建成了江都水利枢纽,开挖了新通扬运河和三阳河部分河段,既可引水灌溉,又可帮助里下河排涝。沿通榆河一线分别建设了贾家集、富安、安丰、东台、草堰等抽水站,南水北调东线一期水源调整工程又建设了宝应、北坍、阜宁等抽水站,除可向垦区和南水北调输送水源外,还可与区域排水错峰,帮助里下河排涝。目前,里下河地区除沿运、沿总部分北调灌区外,其余地区主要依靠开辟新通扬运河、泰州引江河自流引江,通过泰东河—通榆河、卤汀河、三阳河等骨干河道输水,并向渠北地区以及连云港地区供水,形成东引灌区水资源供给体系,见图 5-1。

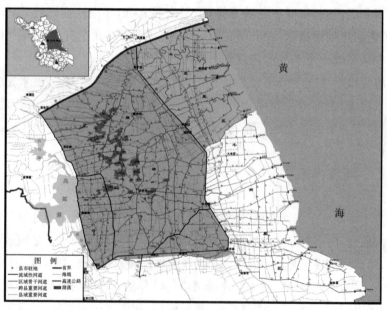

图 5-1 里下河水系图

三、湖泊湖荡

里下河腹部地区湖泊湖荡属于江苏省 13 个省管湖泊之一。湖泊湖荡分布于里下河腹部低洼区,地理位置介于东经 119°20′～120°05′,北纬32°30′～33°33′,为浅水湖泊,行政隶属 4 市 8 个县(市、区)54 个乡镇,包括扬州的高邮市、宝应县、淮安的淮安区、泰州的姜堰区、兴化市、盐城的盐都区、建湖县、阜宁县。根据省政府批复的《里下河腹部地区湖泊湖荡保护规划》和苏政发[1992]44 号文,目前区域内湖泊湖荡总面积为 695 km²,由约 40 个零散湖泊组成,主要有射阳湖、大纵湖、蜈蚣湖、郭正湖、德胜湖、广洋湖、平旺湖、官垛荡、乌巾荡、癞子荡、南荡等,腹部湖泊湖荡位置,见图 5 - 2。里下河地区湖泊湖荡主要有滞蓄洪涝、引排水、生态、交通航运、渔业养殖、旅游休闲等功能。

四、水文气象

里下河地区处于亚热带向温暖带过渡地带,具有明显的季风气候特征,日照充足,四季分明。年平均气温为 14℃～15℃,无霜期为 210～220 天。区内年平均降雨量为 1 000 mm,汛期降雨量集中,6～9 月降雨量占年降雨量的 65％左右,同时降雨量年际变化也较大。年平均蒸发量为 960 mm 左右。

从形成本地区大洪大涝的天气系统看,主要是 6 月左右的梅雨和 7、8、9 月间的台风形成的暴雨。江淮之间特有的梅雨,一般在 6 月中旬入梅,入梅时间迟早、梅雨期长短、梅雨量多寡,决定是否造成水旱灾害。长历时少雨带来的持续干旱也时有发生。1962 年、1965 年的台风暴雨,1954 年、1991 年、2003 年的梅雨及 1966 年、1978 年、1992 年、1994 年、1997 年、2013 年的干旱,都给里下河地区造成很大的灾害。

长江潮水位对本区的影响,主要是 6 月份农业大用水期间长江潮水位高低变化会影响到自流引江的能力;7、8 月间的海潮高潮位顶托,对自排入海的泄量也有影响。里下河地区一般年份的汛初灌溉水位,腹部地区南部在 1.0～1.2 m,北部在 0.7～0.8 m。20 世纪 90 年代以来,水位变化幅度呈增大趋势,如 1991 年的大水,兴化出现了 3.35 m 的中华人民共和国成立后的最高水位;1997 年大旱,阜宁又出现了 -0.88 m 的最低水位。

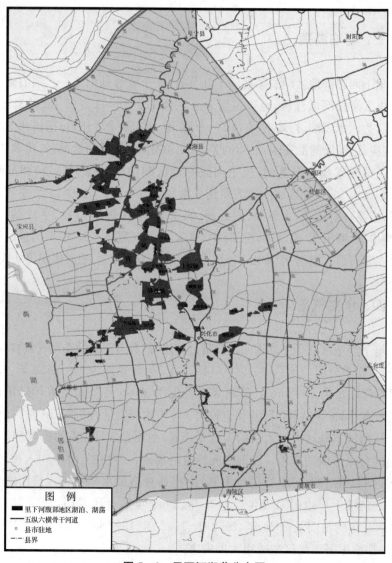

图 5-2 里下河湖荡分布图

　　淮河干流洪水由入江水道和灌溉总渠等河道归江入海后,里下河地区的径流主要是当地降雨产水形成。由于碟形洼地这一地形特点,决定了雨后先"四水投塘",水位逼高后再通过入海港道缓慢下泄。里下河腹部中心距海边有接近 100 km,排水路线长,又受海潮顶托,排水困难,高水位围水时间长,极易破圩成灾。里下河内部无明显的水系周界,水文情势比较复杂。斗北垦区则处于各大港排水入海的走廊,四港沿线的圩区,需要挡御上游过境的高水,压力较大。里下河地区的供水除灌溉期降雨外,外来水源由原来淮水为主逐步演化成自流引长江水为主,水量输送由原沿运河由西向东和沿灌溉总渠由北向南供给,转而扎根长江由南向北输送。由于骨干河道尚未贯通达标,内部河网大多淤浅,引江的影响范围有限。因此,上下游、行政区界之间在排水和引水过程中时有矛盾发生。

第二节　里下河的成因

一、地质运动造就地貌单元

江淮平原是燕山运动以来长期和缓沉陷的苏北拗陷带的重要组成部分,第四纪最后一次海侵前,这里还是一片汪洋。在拗陷带的西部,由于受到西侧山丘缓慢隆起的影响,逐渐成陆,只有一些洼地形成湖泊。长江每年携带 4.5×10^8 t泥沙,在河口附近被海水侵蚀破坏,流速减缓,经年累月之下,形成沙嘴形三角洲。最新研究认为,现今的长江三角洲在全新世以来逐渐发育成形。在末次冰后期低海面时,当时的长江三角洲发育有下切河谷,以及古河间地两种地貌单元。冰后期气候转暖,海平面有所上升,同时降水量增多,巨量的上游泥沙被带到河口。距今9 000～8 000年前,海平面上升加速,上升速度超过河口泥沙堆积的速度,水深增大,下切河谷和两边河间地被海水淹没,形成河口湾轮廓。距今8 000年前,三角洲地区出现巨大海侵,河口位于南京—仪征一线。随着海平面上升速度减慢,长江带来的泥沙沉积速度高于海平面上升速度,海口湾被逐渐填充,长江三角洲迎来发育阶段,在向东推进过程中,形成了红桥、黄桥、金沙、海门、崇明、长兴6个河口沙坝,它们由西北向东南次第排列,后重叠衔接,并逐渐向东延伸。而在东部,由于受到海流的回旋作用和海浪的巨大冲击,逐渐形成南北向的沙堤。

二、海岸线变迁导致区域的形成

距今约 7 000 年,里下河地区还只是介于淮河与长江冲积平原间的一片浅海湾。随着海洋作用及长江不断裹挟大量的泥沙入海,在距今约 4 500 年左右形成了北起阜宁喻口,途经盐城,东南抵达东台的最早的岸外沙堤—西岗,围合出了与外海隔开的古潟湖。到了距今 1 800 年前的东汉时期,海岸线已经大致稳定在了于西岗略往东的东岗。也是这个时期,堤内潟湖在长江、淮河以西部高地来水的不断冲刷下淡化,湖身逐步游积,分割成诸多大小不一的湖泊和沼泽湿地,其间最大的便是古射阳湖。直到南宋建炎二年(1128 年)黄河夺淮,海岸线基本稳定在东岗,唐代常丰河堰和宋代范公堤便是在此基础上修建的。随着海岸线不断东移,范公堤外慢慢淤积了大片新的土地,盐场也随之移出,堤外区域逐步成为星区,里下河地区形成了如今的规模(如图 5-3)。依据海岸线不同时期的变化可以将里下河地区的地理系统演变大致归纳为三个时期。

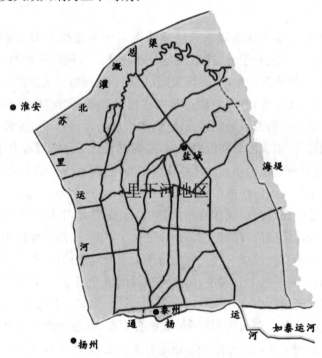

图 5-3 苏北海岸线的演变

早期(春秋、战国之前)——浅海湾时期:里下河地区内部为一片凹入的、开放的浅海湾。显而易见,该时期本区域内可居住空间极为有限,其南部紧邻长江,因而本区域只有西部、北部可能产生人类聚落。

中期(汉代至清)——古潟湖时期:该时期是里下河地区的生长、围合时期。在这段时期中,里下河地区内部广袤的古潟湖逐步淡化,水体由于淤积开始分解,形成以一个主要湖泊、多个次要湖泊构成的湖泊群,此时人居空间得到了大幅度的扩展,腹地内部射阳湖镇一带产生了号称"九里千墩"的密集聚落群。

晚期(清末至今)——里下河地区地貌的成熟期:海岸线进一步东移,整个里下河地区内陆化,由于远离海岸线等原因水体继续分化为更小的湖泊,同时也产生了大片的湖荡湿地,整个区域形成了类似海绵的多孔状结构。该时期人居空间大大提升,里下河地区四周聚落分布密集,腹地内部由于极易滞洪而密度始终不高。

三、低洼地势引发"四水投塘"

里下河平原由于其独特的成因,一直维持着低洼的地势。里下河地区所处的苏北平原在气候上为我国南北方的过渡地带,我国重要的自然景观分界线秦岭—淮河线就从苏北平原的北部穿过。由于这里地处中线度地带,濒临黄海,地势低平,冬夏季风都可以横贯全境,形成非常丰富的降水。且里下河地处几大水系交界处,周边有流量十分可观的来水,"登提而望,内若釜底,外若建瓴"的地形使得四水投塘,全部汇集到里下河腹地,直接影响内部水体的稳定性,尤其是黄河夺淮后。

四、旷日持久的水系改造

出于生存和生产的需求,人类对于外部环境的改造只会逐步加强。为观察这种人为塑造环境的过程,总结了苏北平原地区重要水利设施年表,具体见表5-2。该表的时间跨度从春秋战国持续到中华人民共和国成立初期,列举了不同时期重要水利工程的建设概况、关键性人物及其建造的具体位置。

苏北乡土地理数字教程

表 5-2 里下河水利工程建设情况

阶段		时间	水利设施	人物	位置
起步期	春秋	公元前486年	邗沟(又称朴溇沟、中渎水)	吴王夫差	"……自广陵北出武广湖乐、陆阳湖西、二湖相直五里，水出其间。下注契粱湖，二湖西北出来那、旧道东北出、至博芝射阳西北出来那，乃至山阳矣。"
	西汉	公元前179—141年(文帝、景帝时)	邗沟(与吴王夫差所挖邗沟不同，乃通扬运河前身)	吴王刘濞	"西自扬州茱萸湾(今湾头)，经海陵仓达，如皋磻溪，之后逐步延伸至中通。"
		196年(高祖十一年)	马濑渠		白马湖、律湖(今界首湖)之间
	东汉	200年(建安五年)	捍淮堰、高家堰(洪泽湖大堤前身)	广陵太守陈登	"大筑高家堰，于诸湖荡之东北隅，约30华里。"
	东晋	345—361年(永和中)	兴宁渠	陈敏	原运河的西边，从射阳到末口
第一次兴建初期	隋	587年(开皇七年)	山阳渎(史称邗沟东道，或简称邗沟)	隋文帝	"自扬州茱萸湾冬至官陵，折向北经樊汊、临泽，穿射阳湖而至末口入淮。"
		605年(大业元年)	扩建邗沟(南北大运河贯通)	隋炀帝	"发淮南民十余万开邗沟，自山阳至扬江。"
		719年(开元七年)	捍海堰	东海县令元暧	"西南接苍梧山，东北至巨平山。"

续　表

阶段		时间	水利设施	人物	位置
唐		726 年（开元十四年）	永安堰	海州刺史杜令昭	"北接山，南环郭"
		738 年（开元二十六年）	伊娄河	润州刺史齐澣	北自扬子镇，南至长江
		766—779 年（大历年间）	常丰堰（捍海堰，又名李堤。同时其复堆河直接导致了串场河的出现）	淮南西道黜陟使李承	"自楚州高沙湾至扬州海陵县境。"
北宋	第一次兴建初期	960 年	高邮北运堤	张纶	"……筑运堤二百里丁高邮北。"
		968—976 年（开宝年间）	增修捍海堰	秦州知事王文佑	
		1024—1028 年（天圣二年至六年）	范公堤	范仲淹、张纶	自大团南至富安
		1054—1056 年（至和年间）	完善范公堤	沈起	"……筑堤七十里，自吕四至余西。"
		1269 年（咸淳五年）	串场河南段	两淮制置使李庭芝	"将富安、安丰、梁垛、东台、何垛、丁溪、草堰、小海、白驹、刘庄、伍佑、浙洋庙湾等十三大盐场串联，於名串场河，也叫官河。"

苏北乡土地理数字教程

续 表

阶段		时间	水利设施	人物	位置
转折期	南宋	1128年（建炎二年）	黄河夺淮	东京留守杜充	"断开李固渡处的黄河大堤，使黄河南流入淮，经苏北入黄海"
		1194年（绍熙五年）	绍熙堰西堤	淮东提举使陈损之	"起自扬州江都及楚州宝应、山阳北至淮阴，两达于淮；又门高邮入兴化东至盐城而入子海。又泰州海陵南至扬州泰兴而彻于江。"
		1522年（嘉靖元年）	洪泽湖大堤		
		1373—1376年（洪武六年至九年）	高宝湖堤		
		1395年（洪武二十八年）	宝应直渠	宝应柏丛桂	"宝应槐楼至界首四十里，为淮扬运河有重堤之始。"
第二次兴建	明	1415年（永乐十三年）	淮安黄淮南堤高家堰	平江伯陈瑄	"增筑宝应、汜光、白马诸湖运堤，大堤起自清江浦，沿钵池山、柳浦迤东，长40里，防止黄河南决。"
		1494年（弘治七年）	太行堤	刘大夏	黄河北岸
		1575—1596年（万历年间）	洪泽湖大堤（西堤工程）	潘季驯	"建堤于运河曲侧，使运河与诸湖分道。"
		1494年（弘治七年）	太行堤	刘大夏	黄河北岸
		1575—1596年（万历年间）	洪泽湖大堤（西堤工程）	潘季驯	"建堤于运河曲侧，使运河与诸湖分道。"

续　表

阶段		时间	水利设施	人物	位置
第二次兴建	清	1673 年（康熙十二年）	仁、义、礼、智、信五坝		洪泽湖人堤（高家堰）上
		1680 年（康熙十九年）	续建里运河归海坝		
		1687 年（康熙二十六年）	中河（今中运河下段）	河道总督靳辅	"自骆马湖，经宿迁、桃源（今泗阳）至清口仲家庄出口，黄运至此彻底分离。"
		1701 年（康熙四十年）	归海五坝	张鹏翮	南关坝、新坝、中坝、车逻坝和昭关坝
		1738 年（乾隆三年）	串场河全线贯通		
		1757 年（乾隆二十二年）	五里坝、车逻坝、中坝、昭关坝和南关新坝	河道总督靳辅	高邮至部伯
		1595—1845 年（明万历二十三年至清道光二十五年）	归江十坝	部伯以下河道	
		1909 年（宣统元年）	通扬运河	通州大达商轮公司	从南通到扬州
转型期	民国	1931—1937 年（民国 20—26 年）	疏浚里下河各港工程		
		1941 年（民国 30 年）	海堤	盐阜地区抗日民主政府	盐城

续　表

阶段		时间	水利设施	人物	位置
	民国	1943年(民国32年)	整修洪泽湖大堤		
		1946年(民国35年)	加固里运河堤	苏皖边区政府	
转型期	中华人民共和国	1949年	苏北运河堤防		
		1951—1952年	苏北灌溉总渠		
		1955—1957年	整治内部河道,普修圩堤		详见《淮河下游里下河区域排水挡潮规划》
		1958年	靖盐河、渭水河、雎港、二里大沟、南关大沟、野田河、三阳河、新通扬运河、通榆河		自泰州赵公桥向东经姜堰北至海安
		……	……	……	……

从表5-2可以发现里下河地区在历代的改造下形成了非常丰富的河道网络,其中很多河道甚至关系着国家命脉,如西侧沟通南北粮食输送的大运河以及联络运河与沿海盐场的盐运河,它们背后隐匿的是大量的人工改造工程——运堤化及捍海堰的不断修复。里下河地区历经了反复的兴建与维护,终于在清末完成了基于里下河四至河道为主,向内贯通河道为辅的一整套水运网络。

第三节 # 里下河的特色

一、享誉中外的鱼米之乡

"水"孕育了里下河文明。春秋末期邗沟的开凿,疏通了淮沂、泗水等河道,客观上加速了南北商品交换,促进了该地区的经济文化发展。秦汉以后至隋唐时期,里下河地区更是发达,单海水煮盐这一项资源就使里下河地区在全国经济发展中占有重要地位。此外,农业技术也颇为发达,在秦汉时期便已广泛使用铁制器具。这里交通便利,湖光映天,米香鱼肥,资源丰富,被称为"鱼米之乡"。独特的地理位置,为里下河地区带来优渥的物质生活。在中国历史上,里下河地区的扬州、泰州等地因交通便利,物产丰饶,可谓"富甲天下",经济、文化曾一度辉煌。这里盐业、造船、手工业等相当发达,在唐朝、清朝时期,这些地方牵引着全国的经济命脉。

中华人民共和国成立后,国家加强了里下河地区农田水利建设,使得该地区成为名副其实的鱼米之乡。由于地理与气候条件的适宜性,水稻产量较高,里下河是江苏省重要商品粮生产基地之一。同时养殖产量的快速增长,也使该地区成为江苏省新兴的水产养殖基地之一,且随着江苏省开发京杭运河经济带和沿海经济带的发展进程,里下河地区社会经济发展潜力巨大。

独特的地理环境孕育了独特的农业生产方式,垛田是江苏中部里下河腹地的兴化地区一种特有的农业文化遗产。它是由当地先民在湖荡沼泽地带开挖河泥堆积而成,状如小岛,物产丰饶,景色旖旎。垛田是在当地生态环境剧烈变化下,为适应防治洪涝以及人口快速增长而创制,至今已有悠久的历史。2019 年 10 月 7 日,兴化垛田(图 5-4)被中华人民共和国国务院核定并公布为第八批全国重点文物保护单位。

图 5-4 兴化垛田景观

二、历史上灾害频发

由于封建统治者对水域的治理不善,以宋、金时期为甚,听任黄河南徙,夺淮入海,破坏了淮河下游的水道系统,里下河地区从此成了灾害频发的地区。京杭大运河作为漕运要道,一方面带来交通之便,不过历代政府为了保证漕运通畅,在遇到大水时,常常不惜打开里运河东堤的"归海五坝",分泄洪水,把里下河地区变为滞洪区,致使该地区水灾不断,人民经常蒙受巨大灾难。1931 年夏秋之际,整个长江流域发生特大洪水,江淮并涨,运河河堤溃决,整个里下河平原汪洋一片,300 多万民众流离失所,77 000 多人死亡,140万人逃荒外流(特别是上海),淹没耕地 1 330 万余亩,倒塌房屋约 213 万间。

在抗日战争期间,由于日军难以进入里下河平原的水网地区,1939 年 3

月,当淮阴清江浦(今淮安市清江浦区)被日军攻占后,江苏省政府就迁往里下河腹地的兴化县。此后共产党武装新四军也进入里下河地区。20世纪50年代,在里下河地区大规模兴修水利工程,开辟了苏北灌溉总渠入海水道,整修了洪泽湖、运河大堤和海堤,通海四港,此后灾害得到了有效控制。

三、湖荡连片的生态腹地

里下河汇聚着13 000多条河流,23个湖泊湖荡,对于保障区域生态安全具有重要意义。里下河地区为淮河流域下游地势低洼地区,其"锅底洼"地形决定了该地区洪水滞蓄生态功能极为重要。其次,该地区分布着众多城镇,人口数量较多,同时该地区也是江苏省重要的粮食产业基地与水产养殖基地,为满足居民需水要求,提高农田换水能力与鱼塘抽排水能力,提升农业与渔业废水水质质量,水源水质保护生态功能次之。目前,该地区分布若干湿地景观,例如九龙口、潾湖湿地公园、绿洋湖湿地公园等,对于调节气候、降解污染、保障生物多样性和水生态系统健康等方面具有重要意义,因此应在达到洪水滞蓄与水源水质保护生态功能的基础上,加强湿地生态系统保护和生物多样性保护。为发展当地社会经济,农业产业与养殖产业也应在不影响湖泊湖荡其他生态功能的情况下,合理发挥种植资源保护生态功能,形成具有地方特色的农业、养殖业经济产物。

 第四节 里下河的开发与保护 ➤➤

一、经济社会发展新态势

2009年6月10日,国务院常务会议正式将江苏沿海发展列为国家战略。《江苏沿海地区发展规划》对沿海地区发展的战略定位:一是我国重要的综合交通枢纽,二是我国沿海新型的工业基地,三是我国重要的土地后备资源开发区,四是环境优美、人民生活富足的宜居区。《江苏沿海地区发展规划》提出了各水平年的发展目标和"三极、一带、多节点"的开发布局,提出了重大基础设施建设要求。水利建设的重点是保障沿海开发的淡水资源供给,提升防洪排涝和防台防潮能力。在沿海开发战略中,盐城城市发展定位是将其建设成为中国沿海地区具有重要影响力的江苏沿海新兴临港工业城市,建成和谐宜居的滨海生态城市和西太平洋国际湿地生态旅游城市,实现建设活力盐城、开放盐城、快捷盐城、平安盐城和生态盐城的总体战略目标。

2017 年 5 月,江苏省委提出"1+3"功能区的战略构想,这是推进江苏区域统筹协调发展的重大举措,经济结构调整成为经济社会发展的主线。根据生产力布局原理和江苏省地区经济协调发展的方针及基本思路,全省"1+3"功能区中有两大经济区将纵贯里下河全境。一是江淮生态经济区,里下河区域中高邮、宝应、兴化、建湖、阜宁处于其中,今后发展将更注重"生态优先、绿色发展",要打造成为生态产品最重要供给区、绿色产业集聚区、绿色城镇特色区、现代农业示范区及生态田园风光旅游目的地。二是沿海经济区,主要涉及里下河地区的射阳、盐城、大丰、东台、如东地区,今后要发展临港经济,要以"海洋强省"战略为目标,构建"一带、三港群、三功能区板块"的沿海产业布局新模式。沿海滩涂要构筑"试验区、综合开发区、绿色城镇带"滩涂综合开发新格局。近岸海域要开创"近岸海域综合开发与保护实验区"建设新局面。远海、深海海域要拓展"蓝色经济"发展新空间。

全省各部门经济社会发展规划表明,江淮生态经济区和沿海经济区的地位和作用将更为明显。里下河地区已成为我省交通、能源建设增补高等级基础设施的密集地区,也是省级小城市发展密集的地区,这就要求水利作为国民经济的基础设施加快同步发展,提供更有力的支撑。

在防洪除涝保安方面,对降低整个区域最高水位提出了新的要求。除继续保护大面积农田生产安全外,在新兴发展的城市外围形成防洪屏障,对高速运行的高速公路、铁路等重大项目基础设施的防洪保护的要求非常迫切。在供水方面,为保证优质粳米和优质杂籼稻区的水源和水位,要求尽快提高区域农业供水保证率标准。为加快沿海开发建设,需进一步优化形成通过垦区的供水线路,有效供给开发所需的水量。在水生态环境保护方面,关系里下河全区人群健康和江淮生态经济区的水环境,要进一步改善城市水源的水质,保持供水骨干通道的水质,增强引江能力,保持水体有序流动,提高区域水环境容量。

国民经济各行各业的发展,与水利工程建设与管理方面还存在着许多需要协调的问题。如发展创汇农业、湖荡和滩涂建设、水产旅游基地深度开发与湖荡调蓄利用、滩涂径流冲淤的矛盾比较突出;沿运和沿通榆河一线工业化、城市化加大了水质污染,增加了输水通道水质保护的难度;城市化、交通化发展缩小、占用、限制了众多的河道断面,给水利长远发展带来了影响;沿海自然保护区的控制与沿海水利的建设也需要协调等。

二、里下河保护开发新要求

水资源是基础性的自然资源和战略性的经济资源,是重要的生态与环境控制性要素。水利作为国民经济和社会发展的重要基础设施,要为区域率先全面建成小康社会,率先实现现代化提供坚实的支撑和保障。具体要求为以下几个方面。

一是要保障区域防洪除涝水安全。区域的可持续发展需要更高标准、更加有效的防洪除涝安全保障。目前,里下河地区内人口超 1 100 万,GDP超过 5 500 亿元,包括了盐城、泰州、扬州等多座主要城市和经济开发区,是区域经济社会的精华所在。里下河地区是江苏省主要的粮食生产区,也是全国新增 1 000 亿斤粮食生产能力规划确定的区域之一,因此保障区域防洪除涝安全对于保障社会经济发展意义重大。

二是要保障区域供水安全。经济社会持续稳定增长,城市人口持续聚集,居民生活水平不断提高,是里下河地区经济社会未来发展的主要趋势,以及沿海滩涂围垦和通榆河北延供水区的常态化供水需求,这些都对区域供水安全提出了更高的要求,需要更清洁的水源和更充足的水量。预计到 2030 年区域需水量超过 1.1×10^{10} m³,接近区域多年平均本地水资源量的 2～3 倍,区域遇特枯年水资源供给不足。为缓解水资源供需矛盾,必须加快完善区域水资源调配手段,实行最严格的水资源管理制度,合理配置水资源,加强水资源保护,为人民群众提供水质合格的生活用水,并满足区域经济快速增长对供水总量、供水质量、供水结构和供水保证率的需求。

三是要保障区域水生态安全。区域的可持续发展需要健康、稳定的水生态环境。里下河地区正面临河网水质污染、湖荡萎缩及富营养化、生物多样性减少、生态系统功能退化等问题，修复受损水体功能、维护河湖健康是区域生态文明建设的迫切要求。因此，必须在全区域内实施控源减污措施，改善河湖水质，满足河湖生态系统、林草植被建设、湖荡湿地补水和城市生态系统等方面的用水要求，积极促进生态系统修复和重建，保护和恢复水生生物资源，实现生态系统良性循环。

同时，经济快速增长时期也是经济社会发展与资源、环境之间矛盾交织、激烈冲突的时期，统筹区域经济社会发展不断扩大的需求与有限的水资源、水环境承载能力的关系，要求切实转变水利发展模式，协调区域内各类涉水开发行为与河湖健康的关系，防止经济社会活动对水的侵害，促进经济增长方式的转变，支持区域经济社会可持续发展。

第五节　数字里下河

拟通过遥感卫片解读、无人机拍摄、地理信息系统的 DEM 技术手段，对里下河地区一定范围内规则格网点的平面坐标(X,Y)及其高程(Z)的数据集，通过等高线或相似立体模型进行数据采集（包括采样和量测），描述里下河地区地貌形态、等高线、坡度、坡向及其空间分布，对里下河水系进行可视化表达，建立苏北锅底洼地的 EDM 模型，阐述其机理、过程和动力学原理，动态提供情境教学和实地调查的方案，将情景式教学模式、案例教学模式、参与社会调查模式数字化，并通过网上直播、微信公众号、网红打卡地、专家教授小视频、实习实训全过程实录等形式记录下来，相关成果拟与智慧树平台合作，进一步展现高质量、数字化的里下河。

本节相关数字化资料，请微信扫描下方二维码获取。

知识窗

- ◉ 里下河介绍　　◉ 兴化垛田
- ◉ 九龙口　　　　◉ 串场河
- ◉ 大纵湖　　　　◉ 新洋港

【参考文献】

［1］徐少敏.里下河地区水陆模式转型下的水乡聚落研究[D].南京:南京大学,2016.

［2］何欣霞.里下河地区湖泊湖荡群生态系统健康评价及空间格局优化[D].重庆:
重庆交通大学,2020.

［3］孙玉珍.论当代里下河作家与地域文化的关系[D].南京:南京师范大学,2011.

第六章
南北水运大动脉
——大运河

世界遗产大运河

习近平总书记指出,"大运河是祖先留给我们的宝贵遗产,是流动的文化,要统筹保护好、传承好、利用好。"中国大运河是世界水利建造史上的一大奇观,是两千多年来中国劳动人民的伟大创造,是中华儿女留给世界的宝贵遗产。大运河是世界上最古老的运河,开凿于春秋时期(公元前 506 年),详见《高淳县志》。在此后的千百年间,虽朝代更迭,但古代人民对于人工运河的修建一直没有中断。直到公元 618 年的隋朝,全长 1 797 km 的京杭大运河完成,这条南北贯通的运河与东西走向的天然河流交织,形成了通达黄河、海河、淮河、长江和钱塘江五大水系的隋唐大运河,这是古代中国水上交通的大动脉(图 6-1)。到了元朝,随着都城的迁移,大运河不再绕道洛阳,从元大都(现今为北京)直达杭州,极大地缩短了南北的通航。随后的明清两朝,对大运河又进行了修建和疏通,最终形成了京杭大运河。大运河的修建和发展见证了中国两千多年各个朝代的兴衰发展,凝聚了无数中国劳动人民的智慧和血汗。

中国大运河是世界上保存完整且使用最久的人工运河,开凿至今有 2 500 多年的历史。即便在新中国时期,大运河仍然不断发展,继续创造新的历史。2002 年,大运河纳入了"南水北调"东线工程,这使得古老的运河焕发新生。2014 年,提出在"十三五"期间,实现京杭大运河通州—香河—武清段通航。2019 年,大运河通州城市段约 11 km 的河道实现旅游通航。2021 年,大运河北京段正式通航,又刷新了多项纪录。大运河极大地促进了沿线区域经济和文化的发展与交流。时至今日,大运河仍然发挥着举足轻重的作用,助力其沿途经济的高速发展。

中国大运河跨度途径中国四大沿海省份及京津二市,贯通了五大水系,是世界空间跨度最大的人工运河,长度约为伊利运河的 3 倍,苏伊士运河的 9 倍,阿尔贝特运河的 13 倍,莫斯科运河的 14 倍,伏尔加河-顿河运河的 17

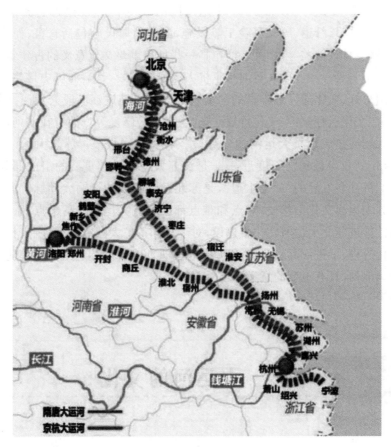

图 6 - 1　中国大运河

倍,基尔运河的 18 倍,约塔运河的 20 倍,巴拿马运河的 22 倍。大运河贯通南北,北起通州,途经天津、沧州、德州、临清、聊城、济宁、枣庄、徐州、淮安、扬州、镇江、常州、苏州,南至杭州,蜿蜒超过 3 000 km。

在 2014 年的第 38 届世界遗产大会上,大运河从 40 项申遗项目中脱颖而出,成功入选世界文化遗产名录,也成为中国第 46 个世界遗产项目。此次申报的大运河遗产项目囊括了中国隋唐大运河、京杭大运河和浙东运河。大运河遗产项目总长约 1 011 km,总面积约为 20 819 hm²,缓冲面积约为 54 263 hm²。大运河遗产分布在 6 省 25 地市和 2 个直辖市,涵盖了各河段的典型河道以及重要的遗产点,由 27 段河道遗产,以及运河水工、附属及相关遗产共计58处遗产,分布于31个遗产区内。其中,水工遗产包括闸、堤、坝、桥、水城门、纤道、码头及险工等设施,配套附属设施包括仓窖、衙署、驿站、行宫、会馆、钞关等,相关遗产包括一些具有重要文化意义的古建筑和历史文化街区等。江苏段大运河是京杭大运河核心段,是运河历史最悠久、活态利用最好、文化遗存最丰富的河段。江苏提出推进江苏段大运河文化带建设,在文化遗存保护、文化价值弘扬、生态保护修复等方面走在前列,把江苏段大运河建成京杭大运河的先导段、示范段、样板段。苏北大运河全长404 km,占江苏段运河长度近2/3,是江苏大运河极其重要的组成部分,是江苏经济社会发展的"黄金水道",是苏北经济发展的运输大动脉。大力加强江苏大运河文化带建设,重点和难点都在苏北大运河。高起点、系统性、创新性推进苏北大运河文化带建设,对于江苏省扩大国内需求、融入长三角一体化进程、推进江苏南北区域协调发展,进而实现江苏运河文化带建设走在全国前列,具有重要的意义。

第二节　大运河的文化

文化是一个很宽泛的概念,既是一种社会现象,也是一种历史现象,包括了人类在发展进程中所创造的物质和精神财富。大运河文化又称"京杭大运河文化",它有区别于其他文化的特殊性,首先它的水利属性是人工开挖的,其次它的战略高度是国家制度,最后它的社会属性是连接南北。所以,大运河文化的内涵包含三大类:技术文化、制度文化和社会文化。

1. 技术文化

技术文化也就是文物特性。大运河开凿出一个新的大环境,它把若干小的自然环境连通为一个整体,转化成人文环境。其中包括:(1) 新自然环境;(2) 新生态环境;(3) 新生产环境;(4) 新文化和新物流环境等,这也就形成了著名的"大运河社会区域经济"。与长江、黄河等河流相比,大运河具有人工开挖的特点,这就反映了人与自然的关系,从中可以看出人类对适应自然和改造自然的决心与态度,蕴含人定胜天的积极生活态度。当人的思想和态度反映在运河河道开挖、疏通、改变及维护上,就形成一种技术层面的文化。技术文化包含水运工程、引水工程、蓄水系统、整治系统、防灾系统等。尤其在这些文化中节制工程、穿越工程、跨江河工程、闸坝工程等是工程技术的核心。大运河文化中的这些技术含量超高的工程凝聚了每位水利专家、历史官员及大量老百姓的心血、智慧,这使中国的运河技术一直走在世界前列。

2. 制度文化

大运河的"文化链"和"生态链"功能紧密结合在一起,互相依存、互相渗透。在现有的大运河制度文化下,不同部门、不同区域基于不同目标和不同利益的权衡,不管是在理念方面还是实施方面,都无法做到对文化和生态的全面保护,有时候还会造成文化保护和生态保护的矛盾和冲突。所以构建大运河文化与生态的融合保护制度刻不容缓。大运河所蕴含的制度文化包含两个层面:(1) 行政管理文化,运河河道和漕运管理隶属于国家行政的重要组成部分,包含机构组织、法律规制、人事安排等,该制度的完备性、周密性和成熟性反映了传统制度文化建设与发展的特性;(2) 战略文化,从历史来看,运河线路的延长及从人字形到南北贯通的改变,从空间上拉近了中国南北的距离,也从国家战略格局上促进了传统经济格局的改变,解决了区域地方社会发展的不平衡性问题,确保国家统一和安全。

3. 社会文化

大运河的社会文化由运河及其周边民众所创造、遵循和延续的,它是在大运河开挖和通航进程中,长时间积淀形成的物质文化和精神文化的总和,是一个跨区域、综合性的文化系统。对于大运河的社会文化来说,首先应强调文化的拼盘或多学科组合,比如涉及商贸文化、建筑文化、曲艺文化、饮食文化、信仰文化和民俗风情等多种门类;其次还应看到运河历史文化是一个整体,应从"人"的视角出发,运河文化并非所有的事实和现象,而是人的行为,以及影响人的行为要素的整体联系的因素。所以运河社会文化是运河区域民众所创造的文化本身与文化形成过程的结合。

第三节　大运河的保护与开发

　　大运河是祖先留给我们的宝贵遗产,是流动的文化,要统筹保护好、传承好和利用好。大运河的保护与开发,是不断挖掘其潜力,也是关乎水系、路网及产业的合理布局和建设问题,是全国经济社会高质、均衡发展的关键问题。我们要万众一心、众志成城,将大运河的保护、开发和利用,统筹纳入城市建设总体规划。

　　现阶段,大运河的保护与开发有以下三点最为重要。

1. 打造水利运河,建设现代水网

　　水利部门以河湖长制为抓手,紧盯大运河治理保护,开展违法圈圩和违法建设专项整治。以江苏省为例,全省已整治大运河沿线突出问题 1 200 多个,推进大运河沿线重点湖泊恢复和增加自由水面 100 平方千米,而且建立网格化管理与常态化巡查机制,全覆盖管控河道水系。图 6-2 为江苏省大运河河道水系治理管护规划。在对大运河河道治理的同时,还要注重科学拦蓄雨水、规划建设水库、拦河闸坝和水系贯通工程,科学利用雨洪水,优化沿河地区水资源配置。尽快制定出台现代水网建设规划,要以沿河地区现代水网建设为突破口,努力做到能排、能灌、能运的目标。

2. 打造交通运河,建设综合交运体系

　　近年来,为贯彻落实大运河文化带建设和交通强国运河方案,航道部门秉持“生态优先、绿色发展”理念,全力推进大运河航运转型升级发展。加强运河航运体系与高铁、高速公路“两网两通”建设规划对接,而且要着重加强以内河港口为节点的水陆交通对接。以苏北运河淮安段为例,20 世纪 80年代以来,先对苏北运河淮安段中梗进行了切除工程,后江苏省交通厅又组织对苏北运河两淮段的航道实施了水下疏浚工程,使苏北运河全部达到了

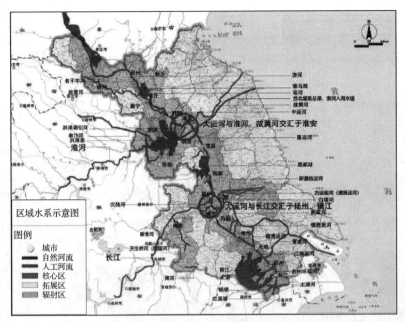

图6-2 江苏省大运河河道水系治理管护规划(后附彩图)

三级航道标准,但仍难以适应快速发展的水运事业的需要。为此,江苏省交通厅又对苏北运河两淮段实施了"三改二"工程。这项工程从淮阴区杨庄镇至淮安船闸止,全长24.5 km,总投资约3.2亿元。此项工程全部实行了机械化施工,使用了大中型挖泥船、吸泥船,使工程进度大大加快,工程周期大大缩短。经整治后,苏北运河两淮段航宽达90 m以上,局部宽度达210 m,最小吃水深度达4 m,达到国家二级航道标准。苏北运河淮安段如图6-3所示。

3. 打造生态运河,营造优美人居环境

习近平总书记指出:生态兴则文明兴,生态衰则文明衰,生态文明建设是关系中华民族永续发展的根本大计。坚持绿色发展理念,加强运河生态环境综合整治、生态修复和生态建设,推动传统产业转型升级,不断提升产业发展质量,走绿色发展之路。大力发展IT、光伏、新能源汽车等战略性新兴产业,着力发展有运河特色的高效生态农业、农副产品、特色餐饮服务等产业,建设生态经济发展高地,主动融入国家区域战略布局。

图6-3　苏北运河淮安段

近年来,运河区深入贯彻落实政府全面改善生态环境、打造生态宜居城市、提升人居环境质量的战略部署,全力推进造林绿化工作。全区累计植树造林4.5万亩,占全区可用耕地面积75%以上,上万群众积极投身植树造林中,共植树290余万株,森林覆盖率达到34%,净增14.5%。实现了生态效益、环境效益、景观效益、文化效益和经济效益的有效统一,打造出独具特色的绿化造林"运河品牌"。以苏北运河淮安段改造治理为例,其在满足运河航运功能的基础上,还开展了生态护坡的建设,在运河沿线因地制宜进行绿化,改善了沿线人居环境,实现了经济效益与社会效益的双赢。苏北运河淮安段生态环境如图6-4所示。

目前,运河的生态、文化、旅游、休闲等功能明显提高。调查显示,47%的居民和游客认为运河通过整治和保护,各项功能得到了提高;44%的人认为有所提高;仅5%的人认为没有提高;另外4%的人认为说不清。总体而言,成效还是比较明显的。

关于大运河的保护和开发的几点建议:(1)认识京杭大运河的地位和

图6-4　苏北运河淮安段生态环境

功绩。水运是古代大型运输的最重要的形式,而京杭大运河曾担负了漕运和民运的功能,有着独有的重要地位。南宋时期,杭州漕运繁盛,当时发达的水运交通促进了杭州的经济发展,因此被誉为"鱼米之乡,丝绸之府"。(2)直面现实,担起造福后代的重责。面对千年运河的现状与问题,我们应该考虑的是如何延续千年运河的历史文脉,挖掘和弘扬运河文化内涵,展示运河历史风貌;如何恢复运河的生态功能,改善运河生态环境;如何改善运河居民的生活环境,提高市民生活品质;如何通过运河治理,实现运河经济、环境、社会效益的同步提升,增强城市综合竞争力。这些问题是摆在广大人民和政府面前的"必解之题"。(3)把握未来,谋划运河保护目标与举措,坚持以人为本和科学发展观,把京杭大运河打造成世界级旅游景点。

第四节 数字大运河

中国大运河项目有河道(27 段)、遗产点(57 项)、相关遗存(5 个),具体如下。

北京市(河道 2 段):通惠河北京旧城段、通惠河通州段。遗产点 4 个:玉河故道、澄清上闸(万宁桥)、澄清下闸(东不压桥)、什刹海。

天津市(河道 1 段):天津三岔口(北、南运河及海河交汇处)。

河北省(河道 1 段):南运河沧州至德州段。遗产点 2 个:沧州东光连镇谢家坝、衡水景县华家口夯土险工。

山东省(河道 6 段):南运河德州段、会通河临清段、会通河阳谷段、南旺水利枢纽、会通河微山段、中运河台儿庄段。遗产点 14 个:临清运河钞关、阳谷古闸群(荆门上闸、荆门下闸、阿城上闸、阿城下闸)、东平戴村坝、汶上邢通斗门遗址、汶上徐建口斗门遗址、汶上十里闸、汶上柳林闸、汶上寺前铺闸、南旺分水龙王庙遗址、汶上运河砖砌河堤、微山县利建闸。

河南省(河道 4 段):通济渠郑州段、通济渠商丘南关段、通济渠商丘夏邑段、永济渠(卫运河)滑县浚县段。相关遗存 3 个:洛阳含嘉仓遗址、洛阳回洛仓遗址、浚县黎阳仓遗址。

安徽省(河道 1 段):通济渠泗县段。相关遗存 1 个:柳孜运河遗址。遗产点 1 个:柳孜桥梁遗址。

江苏省(河道 6 段):中运河宿迁段、淮阳运河淮安段、淮阳运河扬州段、江南运河常州城区段、江南运河无锡城区段、江南运河苏州城区段。遗产点 22 个:宿迁龙王庙行宫、总督漕运公署遗址、清口水利枢纽、淮安双金闸、淮安清江大闸、淮安洪泽湖大堤、宝应刘堡减水闸、高邮盂城驿、江都邵伯古堤、江都邵伯码头、扬州瘦西湖、扬州天宁寺行宫和重宁寺、扬州个园、扬州汪鲁门住宅、扬州盐宗庙、扬州卢绍绪宅、无锡清名桥历史文化街区、苏州盘门、苏州宝带桥、苏州山塘历史文化街区(含虎丘塔)、苏州平江历史文化街区、吴江运河古纤道。

浙江省（河道6段）：江南运河南浔段、江南运河嘉兴至杭州段、浙东运河萧山至绍兴段、浙东运河上虞至余姚段、浙东运河宁波段、宁波三江口。遗产点13个：南浔古镇、嘉兴长虹桥、嘉兴长安闸、杭州富义仓、杭州凤山水城门遗址、杭州桥西历史街区、杭州拱宸桥、杭州广济桥、西兴过塘行码头、绍兴八字桥、绍兴八字桥历史街区、绍兴古纤道、宁波庆安会馆。

本节相关数字化资料，请微信扫描下方二维码获取。

知识窗

◉ 大运河申遗成功　　◉ 大运河的前世今生

◉ 运河数字博物馆　　◉ 大运河的摄影之旅

【参考文献】

［1］王琳琳，陈妍凌.如何做好大运河文化保护与传承？［N］.中国环境报，2018 - 03 - 15(4).

［2］姚旭东.2014 年新增世界遗产——大运河和丝绸之路［J］.集邮博览，2014(12)：56 - 58.

［3］沈晓丽，吴美华.海量三维影像数据的处理、存储与发布［J］.山西电力，2010(6)：58 - 60.

［4］周峨春，闫妍.大运河文化与生态融合保护制度及其实现［J］.河南财经政法大学学报，2020,35(2):50 - 57.

［5］俞孔坚，李迪华，李伟.京杭大运河的完全价值观［J］.地理科学进展，2008,27(2):1 - 9.

［6］张明福.深入挖掘大运河历史文化资源［N］.德州日报，2021 - 09 - 14(5).

［7］郑孝芬.中国大运河文化研究综述［J］.淮阴工学院学报，2012,21(6):1 - 8.

［8］余楠，张宾宾.大运河文化旅游资源保护与开发对策研究解析［J］.西部旅游，2021(5):24 - 25.

［9］俞建平，冯永潮.京杭大运河(杭州段)综合治理保护与开发研究［J］.中国科技信

息,2012(21):158.

[10] 赵建中.做好大运河保护和利用大文章[J].群众,2018(10):30-32.

[11] 张煜鑫,景剑雄,姚孺婧.安徽大运河文化移动端数字博物馆建设研究[J].安徽工业大学学报(社会科学版),2018,35(5):65-67.

第七章
全球典型淤泥质
海岸湿地
——世界自然遗产地

苏北海岸带演化

江苏沿海除全新世高海面时期海水侵入较深外,海岸线在相当长的时间内大致稳定在赣榆、板铺、阜宁、盐城至海安一线,在海岸线附近形成了数条沿岸堤,其中以西冈、中冈和东冈最为有名。西冈北起赣榆郑园,经灌云东风、羊寨、龙冈人兴化,再向南经安丰直至海安西部,这条沙堤距今 7 000～5 000 年前即已形成。中冈北起赣榆罗阳、大沙,经涟水唐集、灌云青山和灌南新安,向南至永丰,后经大丰三圩和兴化合塔入海安,接扬泰古沙冈,其形成年代距今(4 610±100)年。东冈北起赣榆范口、大沙,经灌云下车、灌南城头、滨海潘冈和建湖上冈,再向南经沟墩、盐城、草埝和东台入海安境,这条沙堤在距今 3 300～3 900 年前即已开始形成,在 2 000 多年前就已出露。此外,在射阳新坍—盐城南洋—东台四灶一线,有一埋藏较深的古沙堤,这条沙堤在距今约 1 000 年前开始形成,在 15 世纪已出露海面,成为明代中期海岸线的自然标志。到了北宋,在 1023～1027 年,范仲淹又兴修了捍海堰,与其后 30 余年中在今南通市所属沿海修筑的海堤,连成了从阜宁以北,直抵吕四的延绵数百里的大堤,成为大约在 1 000 年前的江苏海岸线的人工标志(图 7 - 1)。

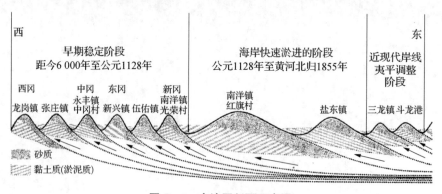

图 7 - 1　古沙冈剖面示意图

自从 1128 年黄河夺淮入黄海以来，江苏海岸的北段和中段逐渐淤进。而在明弘治七年(1494 年)黄河全流夺淮以来，淤积大大加快，海岸迅速东移。1128～1855 年间，不论是河口延伸或三角洲成长速度，还是滨海平原的成陆速度，明显分为两个阶段：1494 年以前，黄河口淤涨速度为 54 m/a；1494 年全流夺淮后，河口延伸速度加快至 215 m/a。1855 年，河口已延伸至河口外近 20 km，形成了北达灌河、南抵射阳河的苏北黄河三角洲。黄河入海的大量泥沙不仅直接形成了苏北黄河三角洲，而且经过潮流、波浪作用的参与，在三角洲两翼的海湾中形成了广阔的滨海平原。

1855 年，黄河的北归使得江苏海岸又经历了一次与前次方向相反的动力泥沙条件的突变，巨量泥沙来源的断绝，使海岸及水下沙洲重新调整。1855～1890 年，扁担河口以北至运盐河口剧烈的侵蚀后退，以南至长江口岸段保持淤进；之后的 30 年中，废黄河口至射阳河口岸段继续侵蚀，但是速度减缓，废黄河口以北的岸段接受冲蚀下的泥沙进入淤积，之后该岸段又转为侵蚀，南部岸段一直保持淤进。淤涨型岸滩主要集中在中部盐城市射阳县到东台市(射阳河口—北凌河口)和绝大多数南通地区(北凌河口—长江口北支)，滩面最宽约 50 km，主要由于有辐射沙脊群掩护和长江冲积作用，发育大面积粉砂-淤泥质潮滩。侵蚀型岸滩主要集中在盐城响水县、滨海县和射阳县一带(灌河口—射阳河口)，1855 年黄河改道，岸滩淤涨的巨量泥沙急剧减少，海洋动力在海岸演变中起主导作用，但现趋于稳定。稳定岸滩主要集中在连云港市一带(西墅—埒子口)，其中西墅—烧香河口段是云台山变质岩山地，烧香河口—埒子口段是粉砂质海积平原(图 7-2)。

江苏沿海的各个岸段表现：海州湾岸滩主要宽约 1.0 km，从南到北有江苏典型的沙滩、基岩港湾、砂质粉沙滩，存在沙泥混合滩和淤泥滩，表现为轻微淤积特征；岸滩剖面有斜坡式下降，也有呈略下凹式下降等，基本稳定。废黄河三角洲岸滩是总体侵蚀，局部稳定型岸滩，岸滩宽度只有 0.12 km，且岸滩上有大片黄黏土裸露，存在侵蚀陡坎或贝壳堤、古三角洲侵蚀黄黏土滩；严重侵蚀主要发生在废黄河口两翼，向北至灌河口，向南至射阳河口，岸滩逐渐由侵蚀转向稳定；岸滩剖面总体呈斜坡式下降。中部海积平原有江苏最宽的岸滩，宽约 50 km，发育大面积粉砂-淤泥质潮滩，还有米草滩、粉砂淤泥滩、粉沙滩；在岸外辐射沙脊群的掩护下，该段岸滩淤涨明显；岸滩剖面形态各异，且剖面线起伏都比较大，但整个岸滩剖面淤涨明显。长江三角

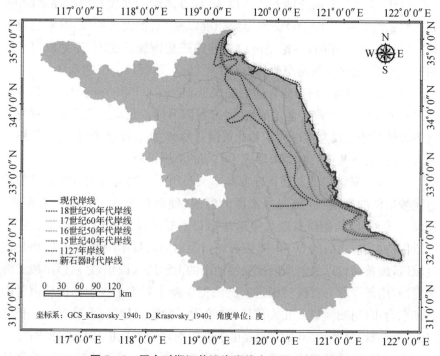

图 7－2　历史时期江苏沿海岸线变迁图(后附彩图)

洲岸段是受长江冲积作用形成的冲积三角洲平原,以粉砂、泥质粉砂为主,岸滩属轻微淤涨型;岸滩平均宽度约 10 km,北宽南窄,遥望港以北最宽达 20 km,以南缩窄至 2~4 km;岸滩剖面起伏较大,但总体稳定。现代江苏海岸线冲淤变化情况如图 7－3 所示。

　　江苏海岸线外还存在巨大的辐射沙脊群,辐射沙脊群分布于江苏中部海岸带外侧、黄海南部陆架海域,北自射阳河口,南至长江口北部的蒿枝港。南北范围 $32°00'$~$33°48'$N,长 200 km;东西范围 $120°40'$~$122°10'$E,宽约 140 km,总面积约 28 000 km²。大体上以弶港为顶点、以黄沙洋为主轴,自岸至海呈展开的褶扇状向海辐射,由多条沙脊和分隔沙脊的潮流通道组成。脊相间分布,水深多为 0~25 m,个别深槽最深可达 38 m。辐射沙脊群是呈辐射状的出露于海面以上的沙洲与隐伏于海面以下的沙脊,以及沙洲或者沙脊之间潮流通道的总称。主要的沙洲有东沙、条子泥、蒋家沙、腰沙和冷家沙等。它们基本上以弶港为中心,向 N、NE、E 及 SE 方向延伸,在圆心角

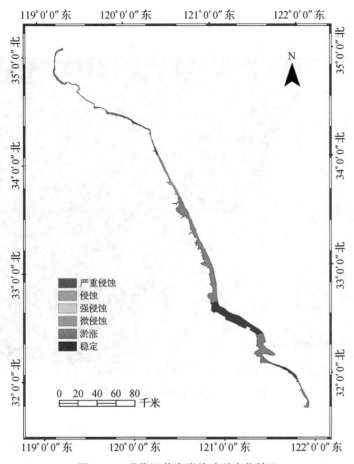

图 7 - 3 现代江苏海岸线冲淤变化情况

为 130°扇面内,呈辐射状分布,其脊槽相间,沙脊群顶部被沟槽切割,沙体较小,形态多样显得杂乱;而顶部以外则发育较好。弶港以北海域水深小,坡度缓,沙脊形体大而连续,且分布较密,沟槽较浅;以南海域水较深,沙脊脊狭槽深,形体小,分布零散。随着沙脊往外延伸,向外高程降低,而沙脊间的沟槽则由窄变宽,由浅变深,沟中有不连续的深槽或深潭。北部沙脊群西高东低,南部沙脊群西南高,东北低。辐射沙脊群底质类型以细砂、粉砂质砂和泥质粉砂为主,沙洲顶部的沉积物粗,尾部的沉积物偏细。辐射沙脊群在潮流、风浪的强烈作用下,分合消长,复杂多变,但总的趋势是合并扩大,并向岸移动,在辐射沙脊群中心或近岸的沙洲多处于逐渐淤积加高状态,淤速大约在 2~8 cm/a,最大在 10 cm/a 上下(图 7 - 4)。

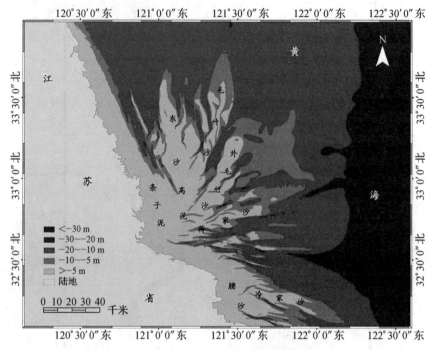

图 7 - 4　南黄海辐射沙脊群分布图

第二节

湿地

一、湿地的概念与类型

　　海岸和河口的潮间带、湖泊边缘的浅水地带、河川行水区附近,都是水分充足的地方,也是最容易形成湿地的地方。在这些区域里,有的是因为大自然的地理变化,有的是因为人类的开发等外力介入,促成了湿地的诞生。自然界的力量是无穷无尽的,经由漫长的地理变化过程,造就出了许多特殊的地理景观,天然湿地也是这种作用下的产物。最多的湿地出现在河流出海口或河流经过的沿岸,宽广的出海口因为长年淤积而产生泥滩地。在大陆棚边缘因为潮汐涨退的缘故,有的也会形成滩地。在河口海岸生长的红树林具有阻挡泥沙的功能,所以也会造成湿地生态,而海岸漂沙围成的潟湖,以及隆起的珊瑚礁、裙礁、堡礁、潮地等,都是形成湿地的原因。在平原及高山上,同样会因为这种不同因素的积水现象,孕育出各种湿地。例如,海水倒灌之后造成海岸边较低地层的积水,老年期的河水改道,旧有河道残留大量积水,内陆的湖泊经过长年的淤沙,或高山冰水退去之后会有大量积水而形成泥滩地,都是形成湿地的天然力量(图7-5)。

图 7-5 湿地

二、湿地的作用

湿地的功能是多方面的,它可作为直接利用的水源或补充地下水,又能有效控制洪水和防止土壤沙化,还能滞留沉积物、有毒物、营养物质,从而改善环境污染;它能以有机质的形式储存碳元素,减少温室效应;它能保护海岸不受风浪侵蚀,提供清洁方便的运输方式等。它因有如此众多而有益的功能而被人们称为"地球之肾"。湿地还是众多植物、动物,特别是水禽的乐园,同时又向人类提供食物(水产品、禽畜产品、谷物)、能源(水能、泥炭、薪柴)、原材料(芦苇、木材、药用植物)和旅游场所,是人类赖以生存和持续发展的重要基础。湿地的作用具体表现为以下方面。

(1)物质生产:湿地具有强大的物质生产功能,它蕴藏着丰富的动植物资源。

(2)大气组分:湿地内丰富的植物群落,能够吸收大量的二氧化碳气体,并放出氧气,湿地中的一些植物还具有吸收空气中有害气体的功能,能有效调节大气组分。同时也必须注意到,湿地生境也会排放出甲烷、氨气等温室气体。

(3)水分调节:湿地在蓄水、调节河川径流、补给地下水和维持区域水平衡中发挥着重要作用,是蓄水防洪的天然"海绵",在时空上可分配不均的降水,通过湿地的吞吐调节,避免水旱灾害。

(4)净化:沼泽湿地像天然的过滤器,它有助于减缓水流的速度,当含有毒物和杂质(农药、生活污水和工业排放物)的流水经过湿地时,流速减慢有利于毒物和杂质的沉淀与排除。一些湿地植物还能有效地吸收水中的有毒物质,净化水质。

(5)动物栖息地:湿地复杂多样的植物群落,为野生动物尤其是一些珍稀或濒危野生动物提供了良好的栖息地,是鸟类与两栖类动物繁殖、栖息、迁徙、越冬的场所。

(6)局部小气候:以天津市东北部的宁河区为例,湿地水分通过蒸发成为水蒸气,然后又以降水的形式降到周围地区,保持当地的湿度和降雨量,从而使宁河区成为天津市气候较为湿润的地区之一。

国家级自然保护区
——盐城滨海湿地

一、国家级自然保护区设立的意义

国家级自然保护区是推进生态文明、构建国家生态安全屏障、建设美丽中国的重要载体。强化自然保护区建设和管理,是贯彻落实创新、协调、绿色、开放、共享新发展理念的具体行动,是保护生物多样性、筑牢生态安全屏障、确保各类自然生态系统安全稳定、改善生态环境质量的有效举措。

《中华人民共和国自然保护区条例》第二条定义的"自然保护区"为"对有代表性的自然生态系统,珍稀濒危野生动植物物种的天然集中分布区,有特殊意义的自然遗迹等保护对象所在的陆地、陆地水体或者海域,依法划出一定面积予以特殊保护和管理的区域"。

二、盐城滨海湿地(盐城国家级珍禽自然保护区)

滨海湿地具体含义为一个靠近海岸带兼受海陆双重作用的特殊生态系统,其为海洋与陆地生态系统的过渡地带,常见于淡咸水交汇地带、沿海海陆交界等区域,主要具备以下特征:复杂性较高,且动态性显著等。其详细解释是在海陆交互作用下,频繁被动静态水体所浸没的沿海低地、潮间带滩地和低潮时的浅水水域等区域。滨海湿地与人类之间存在着十分密切的关系,不但是自然界生态多样性最为显著的景观,也是人类最重要的生存环境之一。此处含有各类丰富资源,更具备活跃的物流、能流及高生产力;同时还聚集了大量人口,也是经济较为发达的区域,尤其是近年来,承受着因快速人口增长、经济发展及环境变化等方面带来的压力。从另一个角度分析,滨海湿地生态系统可以说是当下全球最复杂、最敏感、最活跃的一个系统,特别是在以游泥质为主的海岸地带,上述特征更为显著。因此,其演变过程直接关系海岸自然资源的合理利用和社会经济的发展。所以对滨海湿地的时空演变特征进行深入剖析,具有至关重要的实际意义。正因如此,愈来愈多的国家开始意识到湿地生态系统的重要性,于是相继开展相应的保护和分析工作。

江苏沿海滩涂湿地是我国面积最大的淤泥滩涂,是江苏省重要的土地储备资源,更是江苏省海岸带重要的生态脆弱带和生物多样性保护区。盐城海岸湿地位于江苏中部沿海,具体地理坐标为 $32°20' \sim 34°37'$ N,$119°29' \sim 121°16'$ E,总面积约 4.53×10^5 hm²,海岸线长约 582 km,占当地总面积的 60%,为我国面积最大的海岸湿地。其为亚热带向暖温带过渡地带,表现出明显的季风气候,年平均气温在 $13.7 \sim 14.8°C$,年降水量在 $900 \sim 1\,000$ mm。其自然条件集中表现为海堤外为富有生机的滩涂湿地,海堤内为碱性盐土。海岸不但具备快速淤长岸段,还存在强烈侵蚀岸段,主要以射阳河口为界。海岸湿地景观主要存在两种类型:自然湿地与人工湿地,其功能突出体现在促淤防蚀、防浪固堤、改良沉积环境、提高生物多样性、改善局部环境等方面。

盐城滨海湿地部分被列入世界自然遗产地,拥有两个国家级自然保护区,即大丰麋鹿国家级自然保护区和盐城湿地珍禽国家级自然保护区。盐城湿地珍禽国家级自然保护区辖东台、大丰、射阳、滨海和响水五县(市)滩涂,是我国十分重要的海岸带保护区,同时也是太平洋西海岸最大、最具原始生态性的湿地系统。保护区总面积 247 260 hm²,其中核心区面积 22 596 hm²,缓冲区面积 56 742 hm²,实验区面积 167 922 hm²。湿地内含有丰富的动物资源,这为珍禽的生存提供了绝佳的环境。沿海独特的滩涂湿地、淡水、半咸水及海洋水域生态系统是鱼类、鸟类等动物的理想栖息地。自然保护区核心区的芦苇、碱蓬及互花米草群丛不仅是最具特色的自然景观,也是鸟类筑巢栖息、觅食繁育的优良场所,更是众多野生动植物,特别是珍稀水禽的栖息、繁殖、迁徙、越冬聚集之地。

三、盐城滨海湿地的变化

1. 盐城滨海湿地景观演变基本特征

1997—2014 年,耕地、养殖池面积比重分别从 42.98%、9.64% 增加到

48.12％、23.90％；盐沼中，芦苇沼泽、碱蓬沼泽、光滩的面积比重分别从 6.92％、6.15％、22.79％降低至 2.90％、0.61％、11.22％；互花米草沼泽从 2.85％增加至 4.34％（图 7－6）。盐城滨海湿地景观演变呈现出非湿地与人工湿地增加，自然盐沼不断减少的趋势。

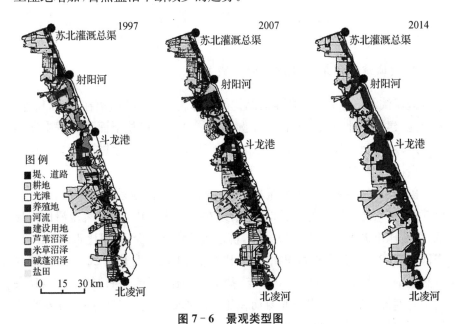

图 7－6　景观类型图

　　景观格局指数中，平均斑块面积（MPS）、景观聚集度指数（AI）呈现了先减少、后增加的特征。1997、2007、2014 年，MPS 分别为 98.105、57.337、296.041；AI 分别为 91.474、88.718、94.576。1997—2014 年，景观多样性指数（SHDI）、景观均匀度指数（SHEI）呈现了持续减少的趋势，SHDI 从 1.706 降低至 1.545，SHEI 从 0.741 降低至 0.671（表 7－1）。1997—2007 年研究区内人类活动缺乏统一的规划，处于无序状态，互花米草扩张以及滨海湿地自然演变的格局没有受到根本性破坏，在这一阶段呈现了景观破碎化的特征、景观聚集度下降，景观多样性指数和景观均匀度下降。2007—2014 年，以 2009 年《江苏沿海地区发展规划》上升为国家战略为标志，人类活动尤其是大规模围垦活动打破了海滨湿地自然演变的格局，致使区域平均斑块面积增加，景观聚集度增大，大规模围垦又使景观多样性与景观均匀度持续下降。

表 7 - 1　1997—2014 年盐城滨海湿地景观格局指数

年份	MPS/hm²	SHDI	SHEI	AI
1997	98.105	1.706	0.741	91.474
2007	57.337	1.616	0.702	88.718
2014	296.041	1.545	0.671	94.576

2. 盐城滨海湿地景观演变的区域差异

盐城滨海湿地 3 个岸段景观结构变化都表现出自然盐沼在减少,耕地、养殖池、建设用地等人工湿地和非湿地在增加。自然盐沼面积比重中淤蚀转换岸段＞淤长岸段＞侵蚀岸段;耕地面积所占比重中侵蚀岸段＞淤长岸段＞淤蚀转换岸段。具体表现如下。

侵蚀型岸段:由于开发较早,开发强度大,自然湿地景观丧失最为严重,仅存于河口、海堤以外的狭长地带,所以在 3 个岸段中,其自然盐沼比重最低,耕地比重最大。1997—2014 年,耕地数量略有减少,面积比重从 68.53％降低至 65.23％;养殖池面积在增加,比重从 13.24％上升至 20.86％。区内自然湿地持续减少,1997—2014 年,盐沼面积比重从 10.41％降至 6.21％;由于受到侵蚀的影响,堤外光滩面积比重基本维持在 5.5％左右;互花米草沼泽面积从 2.48％减少至 0.77％。

淤长型岸段:这是盐城滨海湿地淤长速度与规模最大的海岸带,理论上该区域应该是自然盐沼比重最大的区域;但是该区又是重要的后备耕地资源,也是《江苏沿海地区发展规划》中围垦的重点区域。由于人类大规模围垦,致使该区域自然盐沼的比重低于淤蚀转换岸段;耕地面积比重大于淤蚀转换岸段。1997—2014 年,耕地和养殖池的面积处于持续增加中,面积百分比分别从 43.44％、8.11％增加到 50.93％、24.34％;盐沼处于持续减少中,面积百分比从 42.22％减少至 18.18％,已小于预留 20％生态用地的红线。在盐沼中,1997—2014 年,芦苇沼泽面积百分比从 4.75％降低至 0.56％;碱蓬沼泽在该区域已没有成片分布;互花米草沼泽呈现了先增加后减少的趋势,1997—2007 年,由于围垦活动相对较弱,互花米草沼泽迅速扩张,由 3.04％增加至 5.45％,但随着人类围垦活动的增加,至 2014 年互花米草沼泽面积比重又降低至 4.06％。

淤蚀转换岸段:由于江苏盐城湿地珍禽国家级自然保护区核心区的存在,该区是盐城滨海湿地自然景观保存最好的区域,区域自然盐沼面积比重最高,耕地的面积比重最低。1997—2014 年,耕地略有增加,面积百分比从22.56％增加到 26.79％;养殖池面积增加较快,从 11.83％增加到 24.81％;盐沼相对应的呈现持续减少特征,面积百分比从 48.70％减少至 31.38％。在盐沼中,互花米草沼泽持续增加,从 2.56％增加到 7.95％;碱蓬沼泽持续减少,从 13.39％减少至 2.95％。1997—2007 年,芦苇沼泽从 18.09％增加至 22.08％;2007—2014 年,受经济利益驱动,大面积芦苇沼泽被开垦为养殖塘,面积百分比减少至 12.29％。

　　如表 7-2 所示,景观多样性指数(SHDI)和景观均匀度指数(SHEI)表现出淤蚀转换岸段>淤长岸段>侵蚀岸段,景观聚集度指数(AI)表现为淤长岸段>侵蚀岸段>淤蚀转换岸段,这与 3 个岸段的自然条件、盐沼湿地保护强度、开发强度与规模密切相关。

表 7-2　盐城滨海湿地不同岸段景观指数比较

类型	年份	MPS/hm²	SHDI	SHEI	AI
侵蚀岸段	1997	82.53	1.146	0.521	90.369
	2007	64.179	1.196	0.544	88.531
	2014	283.794	1.071	0.55	95.19
淤长岸段	1997	117.567	1.571	0.682	92.617
	2007	67.365	1.464	0.704	90.194
	2014	342.637	1.365	0.657	95.212
淤蚀转换岸段	1997	65.946	2.019	0.877	89.736
	2007	36.317	1.842	0.838	85.119
	2014	196.424	1.936	0.841	93.161

第四节　　遗产地的利用与保护

　　中国黄(渤)海候鸟栖息地位于备受国际保护界关注的黄海生态区(图7-7)。黄海(含渤海湾)海岸拥有世界上规模最大的潮间带滩涂，也是东亚-澳大拉西亚候鸟迁徙路线上的关键区域。东亚-澳大拉西亚候鸟迁徙路线是全球候鸟种类最多，且受胁鸟种也最多的迁徙路线。中国黄(渤)海候鸟栖息地是由黄河、长江、鸭绿江、辽河、滦河、海河等一系列大河携带入海的沉积物在黄(渤)海地区特殊的水文条件和历史变迁过程中形成的一系列泥滩、沙滩、沼泽等生境，既有共性，又有各地的突出特点，分别为不同种类的候鸟提供了具有全球重要意义的栖息地，维持着东亚-澳大拉西亚候鸟迁徙路线上令人叹为观止的鸟类多样性。

　　世界自然遗产中国黄(渤)海候鸟栖息地位于江苏盐城沿海，该自然遗产在地域上包含两块：江苏盐城南部候鸟栖息地(YS-1)(图7-8)和江苏盐城北部候鸟栖息地(YS-2)(图7-9)。江苏盐城南部候鸟栖息地(YS-1)的边界主要依据区域内的典型植被带和潮间带滩涂、辐射沙脊群、鸻鹬类候鸟栖息地范围等各类型陆海完整性划分，主要位于江苏省大丰麋鹿国家级自然保护区、盐城湿地珍禽国家级自然保护区的南部实验区和东沙实验区、江苏省盐城条子泥市级湿地公园、江苏省东台市条子泥湿地保护小区和江苏省东台市高泥淤泥质海滩湿地保护小区内。麋鹿保护区是典型的海积平原次生林和淡水芦苇沼泽生境。珍禽保护区南段、东沙，以及条子泥、高泥区域则体现了淤泥质潮间带滩涂湿地、辐射状沙洲和沙脊群的完整生态系统，这个区域也是鸻鹬类在迁徙过程中利用的重要栖息地。大丰拥有全球规模最大的麋鹿放养种群和重引入野化种群。珍禽保护区南段、东沙，以及条子泥、高泥区域则是东亚-澳大拉西亚迁徙路线上重要的鸻鹬类停歇地。全球半数以上勺嘴鹬、小青脚鹬在提名地的此部分及周边区域长时间地停歇、觅食乃至换羽。

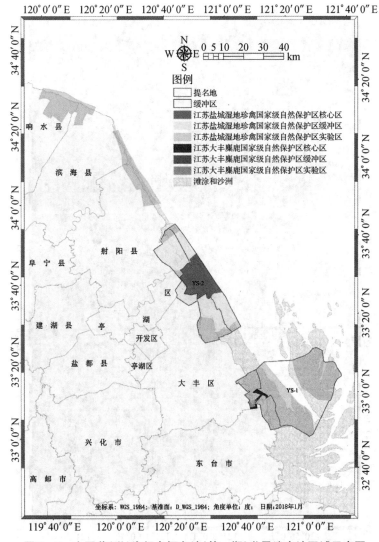

图 7-7 中国黄(渤)海候鸟栖息地(第一期)世界遗产地区域示意图

江苏盐城北部候鸟栖息地(YS-2)的边界主要依据该片区的典型植被带和潮间带滩涂栖息地的完整性划分,主要位于盐城湿地珍禽国家级自然保护区范围内。珍禽保护区中段以淡水芦苇沼泽湿地和淤泥质潮间带滩涂湿地为主要生境类型。珍禽保护区中段是所有类型水鸟的重要停歇地、越冬地或繁殖地。盐城湿地珍禽保护区中段是丹顶鹤迁徙种群最

图7-8 江苏盐城南部候鸟栖息地(YS-1)影像图

重要的越冬地。该种群每年有约 50% 的个体至此越冬,某些年份此比例高达 80%。

中国黄(渤)海候鸟栖息地(第一期)区域自然生态系统由光滩与植被滩构成。其中,光滩包括沙质光滩、淤泥质光滩和海蚀阶地;植被滩包括盐土、

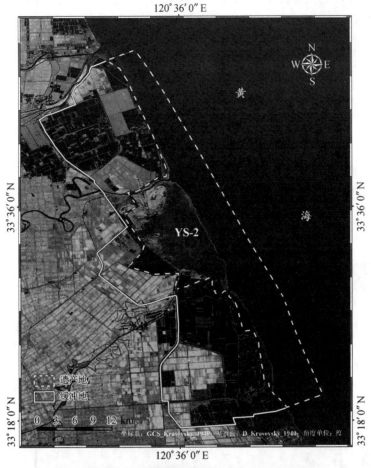

图 7 - 9 江苏盐城北部候鸟栖息地(YS - 2)影像图

水生、沙生等类型。滩涂自然生态系统主要是淤泥质岸段的潮滩生态系统。遗产地范围内没有天然分布的森林,植被以海滨盐土植被、盐生沼泽植被、咸淡水植被、盐土水生植被和沙生植被为主。遗产地有裸子植物 2 科 5 属 8种,被子植物 70 科 217 属 306 种,苔藓植物 7 科 7 属 10 种。被子植物属于13 个分布型,植物区系地理成分主要以世界分布(43 个属)、泛热带分布(47属)和北温带(43 属)分布为主,在科、属的分布区类型上有明显的泛热带向温带过渡的特征。遗产地中分布有脊椎动物 680 种,包括鸟类 19 目 53 科415 种,哺乳动物 6 目 1 253 科 26 种,两栖动物 1 目 4 科 9 种,爬行动物 3 目

6 科 14 种,鱼类 29 目 83 科 216 种,底栖动物 26 目 73 科 165 种。遗产地内濒危物种分布如图 7-10 所示。

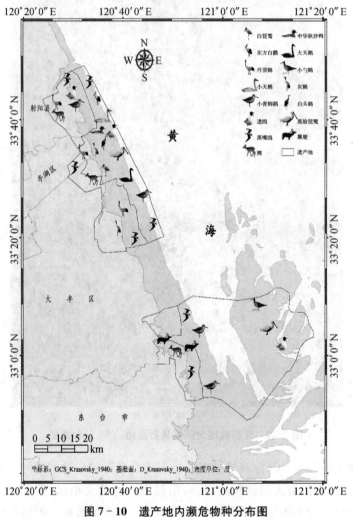

图 7-10 遗产地内濒危物种分布图

现介绍遗产地内主要保护的珍稀物种。

1. 丹顶鹤

丹顶鹤是鹤科中的一种,大型涉禽(图 7-11)。丹顶鹤也是世界上最为濒危的鸟类之一,濒危野生动植物种国际贸易公约(CITES)将其列入附录Ⅰ,并 IUCN 列入濒危种(EN),列入中日候鸟共同保护协议。我国 1989 年颁布并实施的《中华人民共和国野生动物保护法》将丹顶鹤列为国家Ⅰ级保护野生动物。丹顶鹤分布于中国东北、蒙古东部、俄罗斯乌苏里江东岸、朝鲜、韩国和日本北海道,盐城为丹顶鹤在我国最为重要的越冬地,丹顶鹤在盐城的区域分布见图 7 - 12。

图 7 - 11　丹顶鹤

2. 勺嘴鹬

勺嘴鹬,属鸻形目、鹬科,被 IUCN 列为极危物种(CR)(图 7 - 13)。勺嘴鹬栖息于泥滩、沼泽湿地,繁殖于北欧及亚洲,有记录迁徙时见于华东沿海、台湾、新疆西部及西藏南部。勺嘴鹬常单独活动,行走时将嘴伸入水中或烂泥里,用嘴左右来回扫动前进,主要以昆虫、昆虫幼虫、甲壳类和其他小型无脊椎动物为食;盐城珍禽国家级自然保护区内水域、沼泽、滩涂湿地可见,南部的条子泥区域有多次记录,旅鸟,罕见,数量稀少。

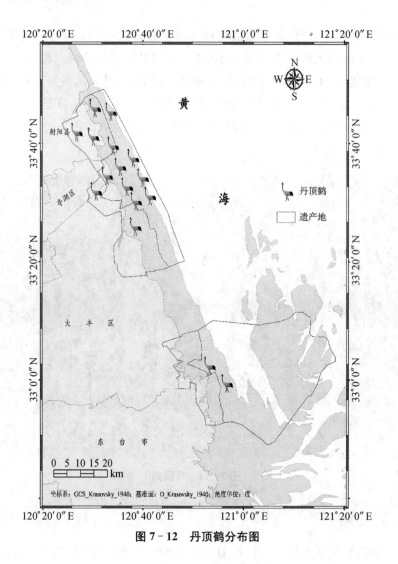

图 7 - 12　丹顶鹤分布图

3. 震旦鸦雀

　　震旦鸦雀,属于雀形目、鸦雀科,被 IUCN 列为近危种(NT)(图 7-14)。震旦鸦雀栖息于芦苇地,零星见于达赉湖周边、黑龙江下游、辽宁、黄河流域、长江流域、江苏沿海的芦苇地。其常常单只和集小群活动,活泼好动,常常会在芦苇秆之间跳动,寻找苇秆里和芦苇表面的虫子为食,营巢于芦苇丛中。

图7-13　勺嘴鹬

图7-14　震旦鸦雀

4. 麋鹿

麋鹿于 1900 年左右于中国大陆灭绝,零散分布在世界各地的 18 头麋鹿被英国贝福特公爵收藏于乌邦寺庄园,种群得以保存(图 7 - 15)。1985 和 1986 年,在世界自然基金会的协助下,英国先后多次将麋鹿再引入中国的北京麋鹿苑和大丰麋鹿保护区。大丰麋鹿保护区自 1986 年最初引入的 39 头麋鹿,逐渐繁衍壮大,并于 1998 年第一次野放,2018 年仅大丰麋鹿自然保护区的数量已经高达 4 556 余头,其中盐城自然保护区的野放种群 905 头,成为世界上最大的麋鹿种群。

图 7 - 15 麋鹿

该自然遗产所在地已建立了从国家到地方的多级管理体系,并形成了政府管理机构与社区、社会组织、研究机构协作保护的机制,具有人员和资金保证。在国家和地方相关法律法规严格保护下,通过政府管理机构、社区、社会组织等团体的协作贯彻,遗产提名地有效地维持了潮间带滨海湿地的天然状态,保证了其中物种的生存和繁衍,为迁徙鸟类提供停歇地。

在未来,遗产地要继续在以下方面加强保护和管理:加强对自然遗产价值元素,包括景观和生物元素的监测和科学研究,实施适应性管理;对威胁因素进行监测和针对性科学研究,并开展针对性的防控或者整治措施,将遗产提名地和缓冲区内企业单位及居民纳入管理、监测和公众教育的行动中;继续推进社会参与,促进社会和公众对保护工作的关注与参与;加强展示体系建设,控制游客数量,加强游客的生态保护教育,规范进入游览区的交通方式,加强监管,保证旅游、交通等对自然遗产价值的影响始终在最小的程度;成立了统一的管理机构,对遗产提名地和缓冲区的保护管理工作进行统一领导,对盐城湿地珍禽国家级自然保护区、大丰麋鹿国家级自然保护区、江苏省盐城条子泥市级湿地公园、江苏省东台市条子泥湿地保护小区和江苏省东台市高泥淤泥质海滩湿地保护小区的管理机构进行整合,加强对遗产地和缓冲区的管理工作;监测机构、科研院所和高等院校作为技术支撑,在相关管理机构的统筹协调下负责遗产地的监测,科学保护和管理。

第五节　数字世界自然遗产地

　　本案例依托 2019 年盐城师范学院"中央财政专项资金"建设项目(海岸带演变与情景模拟实验平台),对本区的海洋悬浮泥沙浓度、水沙动力、海岸带历史变迁的仿真模拟,阐述其机理、过程和动力学原理,动态提供情境教学和实地调查的方案,并将情景式教学模式、案例教学模式、参与社会调查模式数字化,再通过网上直播、微信公众号、网红打卡地、专家教授小视频、实习实训全过程实录等形式记录下来,相关成果拟与智慧树平台合作,进一步展现高质量的海岸带演变和依海煮盐的仿真模拟(图 7 - 16)。

　　本节相关数字化资料,请微信扫描下方二维码获取。

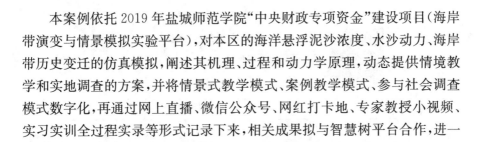

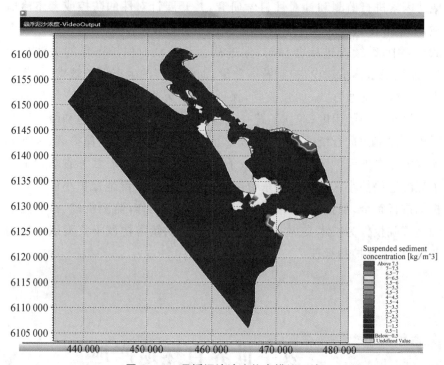

图 7 - 16　悬浮泥沙浓度仿真模拟系统

/// 知识窗 ///

◉ 中国世界遗产地图

◉ 大丰麋鹿自然保护区

◉ 洪泽湖湿地

◉ 丹顶鹤保护区

◉ 盐城湿地珍禽国家级自然保护区

【参考文献】

[1] 康彦彦,丁贤荣,程立刚,等.基于匀光遥感的6 000年来盐城海岸演变研究[J].
地理学报,2010,65(9):1130-1136.

[2] 张忍顺.苏北黄河三角洲及滨海平原的成陆过程[J].地理学报,1984,39(2):
173-184.

［3］潘凤英.试论全新世以来江苏平原地貌的变迁［J］.南京师院学报（自然科学版），1979(1)：8－15.

［4］王意可，邓代兰，舒子豪，等.盐城湿地生境景观演变格局研究［J］.环境生态学，2021,3(8)：26－32.

［5］王锦，叶思源，Cable J E，等.滨海湿地水和物质的运移［J］.海洋地质前沿，2011，27(2)：45－50.

［6］习近平.推动我国生态文明建设迈上新台阶［J］.奋斗，2019(3)：1－16.

［7］王凯红，赵永强.盐城沿海湿地现状分析及保护措施［J］.农业与技术，2020,40(7)：125－128.

［8］张华兵，韩爽，徐雅，等.盐城滨海湿地景观时空动态变化的区域差异［J］.海洋湖沼通报，2020(3)：105－112.

［9］张华兵，高卓，王娟，等.基于"格局-过程-质量"的盐城滨海湿地生境变化分析［J］.生态学报，2020,40(14)：4749－4759.

［10］王娟，张华兵，刘玉卿，等.盐城滨海湿地植物群落种间格局与竞争的关系研究［J］.生态学报，2020,40(24)：8966－8973.

［11］姚志刚，陈玉清，袁芳，等.江苏省滨海湿地现状、问题及保护对策［J］.林业科技开发，2014,28(4)：10－14.

［12］张长宽.江苏省近海海洋环境资源基本现状［M］.北京：海洋出版社，2013.

［13］徐静.城如何培育弘扬世遗文化——从中国首个滨海湿地列入世界遗产说起［J］.现代营销（信息版），2020(6)：73－75.

［14］江苏省908专项办公室.江苏省近海海洋综合调查与评价总报告［M］.北京：科学出版社，2012.

第八章

沿海发展增长极

——沿海大开发

连云港

淮安

盐城

高邮湖

扬州

泰州

南通

常州

海洋作为地球最大的资源宝库和人类社会永续发展的重要物质基础，战略地位日益凸显。江苏临海拥江，有较长的海岸线和众多的岛屿，海洋资源丰富，海洋经济发展潜力巨大。党的十八大首次提出建设海洋强国战略，国家和江苏省"十四五"规划分别对建设海洋强国和海洋强省做出部署，江苏省海洋发展面临着前所未有的机遇。

第一节　　海洋资源

　　江苏位于我国大陆东部沿海中心地带，管辖海域为黄海南部及东海的北端海域，管辖海域面积约为 34 766.15 km²，占全省土地面积 37%，海岸线长 954 km。江苏海洋资源种类繁多，拥有港航、土地、生物、旅游、盐化工和油气资源，海洋资源综合指数位列全国第四。南黄海石油地质储量约 7.0×10^9 t。

一、岸线资源

　　江苏海岸类型按动力分有基岩海岸、砂质海岸和淤泥质海岸等，以粉砂淤泥质海岸为主；按形成原因可分为自然岸线、人工岸线和河口岸线三类。江苏海岸带地理位置优越，海岸线北起苏鲁交界的绣针河口，南抵长江北口，与上海市隔江相望，东濒黄海，西以内陆为依托，是沿海开放的前沿。岸线全长 1 045.88 km，其中，沿海岸线自绣针河口至连兴港，长 876.56 km；长江口岸线自连兴港至南岸苏沪交界的 35 号界碑，长 169.32 km，拥有港航资源 10 多处。

　　连云港市海岸线，北起绣针河口海陆分界点，南至灌河口团港南侧"响灌线"陆域分界，岸线总长 221.17 km。其中自然岸线 46.82 km，河口岸线 67.41 km，人工岸线 106.94 km。盐城市海岸线，北起灌河口团港南侧"响灌线"陆域分界，南至"安台线"陆域分界（20 号界碑附近），总长

374.08 km。其中自然岸线 195.11 km，河口岸线 72.22 km，人工岸线 106.75 km。南通市海岸线，北起"安台线"陆域分界（20 号界碑附近），南至启东市连兴港口，总长 281.3 km。其中自然岸线 93.01 km，河口岸线 4.88 km，人工岸线 183.41 km。

二、沿海滩涂

狭义的沿海滩涂是指海岸带大潮高潮线和大潮低潮线之间周期性的潮浸地带；广义的沿海滩涂还包括潮上带一定范围内刚刚淤积出来尚未开发利用的滩地，以及潮下带一定深度范围内可以被利用的水下浅滩。江苏沿海地区海域滩涂资源丰富，沿海滩涂 750.25 多万亩，江苏沿海滩涂资源拥有量全国第一，且每年仍以 2 万多亩的速度淤涨，是重要的土地后备资源。

江苏沿海滩涂具有面积大、淤长快、沙脊多、可再生、潜力大、区域好的优点。江苏沿海中部，分布有全国首屈一指的海底沙脊群——辐射状沙洲，面积约 1 268.38 km²。自岸线以内 5 km 至低潮水边线为范围统计，总面积达 6 853.74 km²（2006—2010 年通过遥感解译），其中，潮上带和潮间带面积约为 4 689.87 km²，滩涂资源 750.25 万亩，占全国沿海滩涂面积的 1/4，相当于全省现有耕地面积的 1/7，是沿海滩涂资源最丰富的省份（图 8-1）。

2019 年 7 月 5 日，位于江苏省盐城市的中国黄（渤）海候鸟栖息地（第一期）获批入选《世界遗产名录》，主要由潮间带滩涂和其他滨海湿地组成，拥有世界上规模最大的潮间带滩涂，是濒危物种最多、受威胁程度最高的东亚-澳大拉西亚候鸟迁徙路线上的关键枢纽，也是全球数以百万只迁徙候鸟的停歇地、换羽地和越冬地。同时还是我国第一块、全球第二块潮间带湿地世界遗产，填补了我国滨海湿地类型世界自然遗产空白，将成为东亚-澳大拉西亚水鸟迁飞路线乃至全球候鸟栖息地保护的典范。

	沿海县市
	0 m等深线以上滩涂
	0~5 m等深线滩涂

图 8-1　江苏海岸滩涂分布图

三、海洋渔业

　　近海拥有全国八大渔场中的海州湾渔场、启东吕泗渔场(图 8-2)、长江口渔场和大沙渔场。海洋渔业资源丰富,据调查,鱼虾贝类品种 300 余种。全省境内有 20 多条大中型河流入海,海区水质肥沃,盐度适中,非常适合海水产品的繁殖和生长。广阔的浅海滩涂,丰富的生物资源,为发展海水养殖业提供了良好的条件,开发利用的前景十分广阔。

图 8-2　启东吕四渔港

四、海洋能源

江苏海洋能源主要是风能和潮汐能。其中,江苏省沿海风能资源丰富,风能资源由沿海向内陆减小。沿海海岸、滩涂和岛屿,年平均有效风能功率密度在 200 W/m² 左右,3～20 m/s 风速的年累积时数在 5 000 h 左右;在海上风电方面,江苏还有海岸线以外领海基线以内的海洋内水 2×10^4 km²、12 海里宽的领海和 12 海里宽的毗连区各约 1×10^4 km²,这些都是风能丰富地区。风能资源潜在区域主要集中在沿海的连云港、盐城和南通三市,具体包括灌云、响水、滨海、射阳、大丰、东台、海安、如东、通州、海门和启东(图 8-2)。

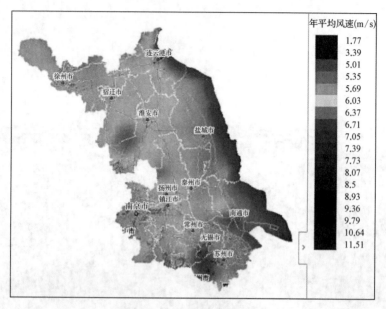

图 8-3　江苏省市年平均风速

五、海岛

江苏沿海共有 26 个海岛,海岛岸线总长 115.9 km,其中连云港 21 个,盐城 2 个,南通 3 个,数量仅略多于上海和天津,在 11 个沿海省份排名第 9 位,海岛资源弥足珍贵,所以江苏对海岛开发十分谨慎。从地理位置来看,海岛主要集中分布于海州湾、辐射沙洲和长江口北支 3 个海域,最北端的海岛为平岛,最南端的为兴隆沙,最西侧的为秦山岛,最东侧的为外磕脚。江苏海岛数量虽少,但类型齐全,既有基岩型海岛,又有沙泥质海岛;既有有居民海岛,又有无居民海岛;既有天然海岛,又有人工海岛,还有 3 个领海基点海岛——达山岛、麻菜珩和外磕脚。最大的海岛兴隆沙面积为 24.7 km²,4 个有居民海岛户籍人口共 1.47 万人,其中连岛和兴隆沙为乡级有居民海岛。除了 26 个海岛外,另有约 110 个低潮高地,也纳入海岛保护和管理范围。2016 年,连岛被评为全国十大美丽海岛。开山岛王继才守岛 32 年的先进事迹在全国广为传颂。

第二节 ▸▸▸ **新一轮沿海大开发**

为了促使全省区域经济协调发展，早在 20 世纪 90 年代中期，江苏就提出建设"海上苏东"和发展海洋经济的战略构想。2009 年 6 月 10 日，国务院常务会议正式通过了《江苏沿海地区发展规划》，江苏沿海省域发展规划跃升为国家战略，使江苏沿海发展站在了新的历史起点上。

一、开发布局

江苏以连云港、盐城和南通三极为中心，以产业和城镇带为依托，以沿海开发节点为支撑，形成"三极、一带、多节点"的空间布局框架(图 8-4)。

1. 三极

江苏省重点加快连云港、盐城和南通三个中心城市建设。扩大城市规模，加强中心城市之间以及与周边地区的联系，增强辐射带动作用；以开发区为依托，以大企业、大项目为载体，坚持走新型工业化道路，不断提升产业层次；增强现代服务功能，提升开放水平，成为外资进入陇海兰新沿线地区的集聚扩散区，积极承接国际资本与先进技术，并逐步扩散到内陆腹地。

2. 一带

江苏省依托沿海高速公路、沿海铁路、通榆河等主要交通通道，促进产业集聚，重点发展新能源、汽车、新型装备、新材料、现代纺织、新兴海洋等优势产业，提升现代农业发展水平，加快现代物流、研发设计、金融商务等生产性服务业发展步伐，形成功能清晰、各具特色的沿海产业和城镇带。

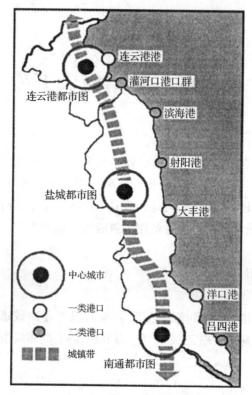

图8-4 江苏沿海"三极一带多节点"空间模式

3. 多节点

江苏省以连云港港为核心,连云港徐圩港区、南通洋口港区和吕四港区、盐城大丰港区、滨海港区、射阳港区,以及灌河口港区为重要节点,根据各自比较优势,合理分工,错位发展,集中布局建设临港产业,发展临海重要城镇,促进人口集聚,推进港口、产业、城镇联动开发,构建海洋型经济发展新格局,成为提升沿海地区整体发展水平的支撑点。

二、海洋经济

蓝色海洋是我国经济社会发展重要的战略空间,是孕育新产业、引领新增长的重要领域,在国家经济社会发展全局中的地位和作用日益突出。江苏作为"一带一路"建设与长江经济带发展战略的交汇区域,作为东部海洋经济圈的重要组成部分,现代海洋经济将成为未来若干年江苏经济最重要的增长极。2019年以来,江苏海洋经济发展水平稳步提高,发展成效稳中有进,发展潜力进一步提升,总体呈现稳中向好的发展态势,新技术、新产业、新模式、新业态推动了沿海地区发展动能转换和结构调整。

1. 新动能转换,新型工业基地初步建成

着力构建先进制造业体系,海洋产业不断升级,江苏沿海地区集聚了一批以中石化炼化一体化、悦达起亚汽车、三一重工等为代表的先进制造业企业,新型工业基地初步建成。2015年,江苏海洋产业结构从原先的"二、三、一"逐渐转化为"三、二、一",2020年三次产业占比为海洋第一、第二、第三产业增加值占海洋生产总值的比重分别为5.6%、48.2%、46.2%,海洋服务业占比进一步提高。2016年10月,南通市获批国家首批海洋经济创新发展示范区,2018年,连云港、盐城获批建设海洋经济创新发展示范区。

石油化工、装备制造、新医药是连云港三大优势产业。恒瑞、豪森、康缘和正大天晴四大医药企业全部进入中国制药工业前50强。新材料、新能源、新信息技术三大新型产业,为连云港打造了独具港城特色的现代工业体系。中复神鹰"干喷湿纺千吨级高强/百吨级中模碳纤维产业化关键技术及应用"项目获国家科技进步一等奖,中哈(连云港)物流合作项目打造"一带一路"倡议的标杆,上合组织国际物流园区获批国家级示范物流园区。

盐城建成大丰、射阳、阜宁、东台四大风电产业园,海上风电总装机容量居全国首位,是海上风电开发的主战场,集聚华能、国家电投、上海电气、金风、协鑫、远景等一批行业领军企业。可再生能源转化为产业优势,宝武2 000万吨绿色精品钢、总投资18亿美元的韩国动力电池、总投资850亿元的金光循环经济科技园等产业龙头项目相继落户盐城,中海油LNG、中石油LPG、宝丰特钢等一批重特大项目加快推进,28家央企在盐城布局。

南通不仅是船舶海工的产业示范区,还是全国著名的纺织之乡,高端纺织成为南通市三大重点支柱产业之一,产业规模约占全省的15%。海洋工程装备向高端化、智能化、绿色化、集约化转型,产业规模全国第二,船舶和海工占全国市场份额分别达1/10和1/3。

2."海陆空"并举,打造沿海立体交通走廊

苏北和沿海地区高速铁路网逐步成型,让沿海的连云港、盐城、南通融入全国高铁网,海港建设,则让江苏沿海地区实现"陆海联运"。

(1) 沿海港口

目前,江苏以连云港区为主体、赣榆港区为北翼、徐圩港区和灌河港区为南翼的"一体两翼"组合大港,盐城港"一港四区"和南通港"一港十二区"江海组合港群格局初现。徐圩、赣榆、滨海、射阳、大丰、洋口、吕四等一批新兴港区填补除连云港港、连云港区之外的空白地带,进一步优化了沿海港口错位发展、互动并进的港口群体系。

① 连云港港:由连云、赣榆、徐圩、前三岛和灌河5大港区组成。连云港区(图8-5)以集装箱和大宗散货运输为主,兼顾客运和散杂货运输的综合性港区,是参与"一带一路"、服务中西部地区的重要枢纽港区。徐圩、赣榆港区依托临港工业,逐步发展成为为腹地经济发展和后方临港工业服务的综合性港区,同时徐圩港区承担中西部地区能源等重要物资出海口功能。前三岛港区规划以石油运输为主。灌河港区以散杂货和化工品运输为主,兼顾船舶修造。

图8-5 连云港主港区鸟瞰图

② 盐城港:形成以滨海港区、大丰港区为主,射阳港区、响水港区共同发展的总体格局。滨海港区(图8-6)以服务临港工业开发为主,近期主要

为能源、钢铁产业服务,以煤炭和大宗散货运输为主,远期逐步发展部分公用货物运输功能。大丰港区为以通用散杂货、石油化工和集装箱运输为主的综合性公用港区,兼顾能源、石化等临港工业开发功能。射阳港区发展成为世界最大的风电装备专业港之一,规划发展为以散杂货、化工品和集装箱运输为主的综合性港区,逐步发展临港工业和现代物流。响水港区以承担散杂货和化工品运输为主。

图8-6 滨海港码头

③南通港:由11个港区组成。洋口港区和吕四港区2个港区在沿海地区,其余9个在长江沿岸,分别为如皋港区、天生港区、南通港区、任港港区、狼山港区、富民港区、江海港区、通海港区和启海港区。洋口港区(图8-7)利用拦沙洋深槽建设深水航道,未来可满足20万吨级海轮乘潮通航,规划以原材料、煤炭、石油化工、液体化工等散货运输为主,兼顾集装箱运输的综合性港区,主要为临港工业开发服务,远期发展大宗散货中转及油品运输。吕四港区主要为临港开发区和产业开发服务,兼顾为周边地区发展服务。

图 8-7　洋口港规划图

（2）铁路

围绕连接长三角和环渤海、加强与中西部地区交流联系的目标,强化区域对外通道建设,优化路网结构,提高路网质量。青连、盐连、盐通、沪通铁路全面建成通车,江苏沿海地区结束没有高速铁路的局面,打通了全国沿海铁路大通道,全面融入全国高速铁路网,进一步加快长三角交通一体化进程。实施新长铁路盐城至南通段复线电气化扩能改造,构建大能力铁路通道;加快陇海铁路客运专线建设,实施连徐线电气化扩能改造,进一步强化陆桥铁路大通道能力;新建宿州至淮安、连云港铁路;实施宁启铁路复线电气化工程,新建南通至启东铁路,强化沿江铁路通道,进一步完善区域铁路网络;根据连云港徐圩、南通洋口、盐城大丰、滨海等港区发展需要,规划建设相关港口铁路支线。形成"两纵三横"干线为骨架的铁路网络,总规模达到 1 100 km。

（3）空港

在空港建设上,南通兴东国际机场是"上海国际航空枢纽辅助机场",平均每周 262 个航班,通达 39 个城市,进入全国主要机场行列。南通新机场建设纳入《长江三角洲区域一体化发展规划纲要》,作为上海国际航空枢纽的重要组成部分、长三角一体化先行示范工程、国家重要的区域航空枢纽、全国领先的综合交通枢纽、长三角北翼区域高质量发展的新动力源,并按照"空铁一体化"要求着力打造"轨道上的机场",通过北沿江高铁和沿海通道连接上海。

（4）公路

沿海以高速公路和普通国道为骨架的"三纵六横"干线公路网络,实现了"县县通高速"。2015 年 7 月,临海高等级公路全线建成通车,途经沿海地区 3 个市、17 个县(市、区),连接沿海 18 个新区和开发区、10 个港口和 9 个旅游区,将沿海地区串联成线。与此同时,过江通道能力不断增强,长江不再是"天堑"。苏通大桥、沪崇启大桥相继建成通车,沪通长江大桥 2020 年也建成通车。

3. 沿海生态大保护

生态优先、绿色发展,为江苏沿海发展打下了绿色的"生态本底"。绿色生态环境是沿海地区的生命线,也是沿海开发的高压线,江苏沿海开发要坚持绿色保护式开发,走可持续发展之路。

（1）划定生态红线,实施严格管控

2009 年以来,江苏沿海地区在全国率先划定生态红线,对 12 大类、92 个重要生态功能区实施强制性保护。通过划定"一条红线"、绘制"一张控制图"、实施"一个管理办法",将重要河口、滨海湿地、海域海岛、自然岸线、重点渔业水域、珍稀濒危物种集中分布区及自然景观、历史文化遗迹等纳入保护范围,实施最严格管控、强制性保护。森林公园、湿地公园和自然保护区等为嵌点的林业生态网络渐次形成。当前,沿海地区林木覆盖率已达 25% 左右,比 2009 年提高 5%;被称为"地球之肾"的滩涂湿地备受重视,自然湿地保护率达 46.6%,沿海地区新建生态保护小区共 16 处,滨海自然湿地保护范围逐步扩大。

2019 年 7 月,位于盐城的黄(渤)海候鸟栖息地第一期被成功列入《世界自然遗产名录》,该项目填补了我国滨海湿地类型世界自然遗产的空白,也为经济发达、人口稠密的东部沿海地区自然遗产的保护与合理利用提供了创新典范。依托生态保护区、国家湿地公园、世界自然遗产,沿海经济产业加速绿色化转型。盐城多次举办中国盐城丹顶鹤国际湿地生态旅游节、大丰麋鹿文化旅游季、恒北梨花节、盐都杨侍草莓节等节庆活动。南通连续

16 年举办"南通江海旅游节"。位于黄海、东海和长江三水交汇之处的南通圆陀角省级湿地公园,是江苏最早看到日出的地方。连云港则连续 22 年举办"连云港之夏旅游节"。

(2)健全陆海污染防治体系,推进污染综合治理

健全陆海污染防治体系,构建陆海统筹、河海兼顾、上下联动、协同共治的海洋生态环境治理新格局,推进以大气、水、土壤为重点的污染综合治理,实现流域和海域环境质量的同步改善。加快沿海地区环境基础设施建设和升级改造,强化企业及园区污水处理,推进城区雨污分流管网建设,加强城镇污水处理厂提标改造和配套污水管网建设,实现建制镇污水处理设施全覆盖;建立流域—控制单元—控制断面的治理体系,系统推进流域水污染防治,入海河流平均水质全部消除劣 V 类;支持沿海地区开展土壤污染综合治理和修复试点示范,提升沿海地区环境风险防控和执法监管能力。

三、海岸带利用与管理

1. 严格围填海管控,落实岸线"占补平衡"

严格执行国家围填海管控的政策要求,除国家重大战略项目外,全面停止新增围填海项目,最大限度地减少对海岸线占用。国家重大战略项目用海确需占用岸线的,必须遵照"占补平衡"原则,实行有偿补充或异地修复等手段,确保岸线不减少。

2. 完善海岸线整治修复责任制,加强海岸线利用监管

明确政府作为海岸线整治修复责任主体。一是建立海岸线整治修复项目库,将整治修复后符合条件的海岸线,参照自然岸线的管理规定加强管控。二是按照大连市海岸线整治修复的要求并结合区域特点,制定海岸线整治修复计划。三是加强海岸线监管,对各类占用岸线的工程进行严格监督管理,坚决拆除海岸违规建筑工程。

集中精力修复重点岸线,形成可复制的综合修复模式。将破碎化严重、功能退化、集中连片岸线列为重点修复对象,通过多种修复方式,竭力保持岸线的原始形态,建立陆海统筹、标本兼治的综合修复模式。积极开展与其

他沿海地区海岸线整治修复技术的交流与合作。

3. 加强摸底调查，开展海岸线监测

对海岸线开发利用现状进行调查，为科学修复和保护奠定基础。利用已有的海域动态监视监测系统，开展海岸线变化、围填海情况和海岸带侵蚀情况的常态化监测。严厉打击非法海岸采砂活动，对侵蚀岸段修建海岸防护工程。

4. 多规融合，编制海岸带综合规划

海岸线修复与保护应增强"多规合一"的规划意识，坚持基于"多规合一"的海岸带综合规划导向，将土地利用总体规划、城乡规划、环境保护规划、港口规划等标讯通相关专项招投标规划纳入并融合，力求形成"一张图"管控海岸带的保护与利用。

5. 严格落实入海污染物总量控制，加强海岸线环境保护

加强陆源污染排放管理，摸排全市所有陆源入海排污口并进行监测，优化入海排污口设置，严格落实入海污染物总量和浓度控制制度，建立海岸线环境污染"黑名单"制度和重罚制度，保障海岸带水质达标。

第三节　数字沿海大开发

一、海岸带规划与管理数字化建设

海岸带开发与管理是世界各国面临的现实问题。随着人类活动的加剧，生态环境的恶化，海岸带开发与管理已经成为 21 世纪人类所面临的主要问题之一。

党的十九大和中央城镇化工作会议对海岸带协同发展、保障国土生态

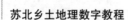

安全进行了战略部署,未来 20 年将是中国全面提升国土生态安全水平、实现区域协调发展的关键时期,也是中国海岸带的剧烈调整期,更是江苏实施"两聚一高",实现可持续发展的重要转型期。长期以来过度利用的弊端日益暴露,如土地资源浪费、生态环境破坏、人居环境恶化等,海岸带最为集中而典型。因此,强化海岸带的开发与管理具有重要的现实意义,而数字化是未来海洋管理的主要方向。为此我们要做好以下研究工作:① 海岸带土地利用时空变化及驱动机制研究;② 基于不同情景的海岸带开发与管理模式探究;③ 海岸带开发与管理协同创新研究。

二、海洋产业发展规划数字化建设

主要围绕海洋资源开发活动而形成的物质生产和非物质生产事业(重点包括海工装备、海洋新能源、海洋生物医药、海洋运输、海洋渔业、滨海旅游及新兴海洋产业等江苏沿海地区发展基础较好和发展潜力较大的产业)展开数字化研究。具体表现:① 主要海洋产业结构的基本演变规律、空间格局,行业发展现状、特点及未来调整发展方向,为我省海洋产业选择发展方向,制定相关产业政策提供依据;② 港口与海上交通运输问题,重点分析港口及交通运输产业发展现状,区域港口功能布局及未来演化,我省未来港口功能整合及合作提供依据;③ 以理论与区域实证研究相结合的方式划分旅游类型、分析区域空间组织,阐述不同类型区旅游业发展阶段性特征,以及不同区域旅游业与地理环境相互作用的动态变化规律,为我省滨海旅游业发展提供智力支持;④ 从区域经济的角度,分析国内海洋产业园区空间布局现状,分析海洋产业空间集聚发展规律,梳理政府相关部门鼓励海洋产业发展、推动海洋产业园区发展的现状政策,为我省各类海洋园区提升平台功能,争取国家海洋政策扶持提供决策支持。

三、海洋信息数据中心研究

围绕海洋大数据平台展开海洋数据信息中心建设,平台架构分为数据层、技术层和应用层。

（1）数据层

这是海洋大数据平台的基础,包括通过各种途径采集和获取的海洋信息数据,例如海洋水文观测站、海洋和海岸带遥感影像、海洋环境监测站获取的海洋自然要素信息以及由海洋管理部门和统计部门获取的海洋经济、社会和文化信息,在获取这些数据的基础上对这些数据进行同化处理,使之能够在统一的框架下进行管理和运用。积极探索数据共享和整合机制,消除目前各部门之间存在的数据壁垒,使海洋数据信息能够得到充分的利用和发挥更大的效益。

（2）技术层

由海洋大数据融合与分析、数值预报等功能模块组成,建设的目标是要建立一套适合海洋自然环境特征和海洋经济产业特色的数据管理模式。

（3）应用层

即在检索数据、集成技术的前提下,集合应用模块,提高海洋应用服务管理系统的开放性与综合性。在统一管理平台下开发针对不同用户需求的多功能应用模块,提高平台框架体系的开放性和系统兼容性。重视预报功能,要发挥海洋数值预报优良传统的基础上,将数值预报功能扩展到海洋经济和社会领域。

四、海洋贸易与国际合作数字化研究

从理论及实践层面探讨海洋经济开放合作规律,重点关注两个方面的研究:① 海洋区域经济理论研究。在理论与实际、历史与现实的结合上分析当前沿海区域经济的发展趋势,研究国内沿海区域经济关系中的发展潜力和导出因素,并且通过加强合作使之产生对内的带动性影响和对外的扩张性效应,进而推动江苏海洋经济竞争力不断提升的目标。② 海洋区域经济合作研究。将海洋经济的区域发展规律和江苏沿海的实际结合,探讨中微观及宏观尺度上海洋经济开放合作,中微观尺度的海洋经济开放合作主要是陆海统筹发展及流域海洋经济的开放合作,宏观尺度主要探讨在一带一路、东中西合作、中韩产业园等战略布局背景下,如何依托海洋经济开展深度国际合作,创新海洋经济开放合作模式,拓展发展空间。

本节相关数字化资料,请微信扫描下方二维码获取。

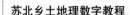

知识窗

⊙ 连云港港、滨海港

⊙ 盐城风电产业

⊙ 盐城湿地生物资源

【参考文献】

［1］张云,宋德瑞,赵建华,等.中国大陆海岸线变迁分析与评价［M］.北京:科学出版社,2019.

［2］盛建明.江苏海涂围垦关键技术及应用［M］.北京:科学出版社,2017.

［3］叶瑛莹,赵媛.江苏省风电发展的策略研究［J］.南京师大学报（自然科学版）,2005(3):5.

［4］凌申.非均衡视域下江苏沿海"三极一带多节点"空间发展模式研究［J］.资源开发与市场,2011(11):1029－1032.

［5］国家发改委、国家海洋局.全国海洋经济发展"十三五"规划［R］.北京:国家海洋局,2015.

［6］俞超,谢旭东,李沂璠.海岸线修复与保护的大连实践［J］.中国土地,2019(4):25－26.

［7］洪阳,侯雪燕.海洋大数据平台建设及应用［J］.卫星应用,2016(6):26－30.

［8］杨成.探究海洋大数据平台的构建及应用［J］.信息与电脑（理论版）,2017(6):149－151.

第九章
我国南北文化交融地
——苏北文化

红色文化

一、苏北红色文化概述

1. 苏北红色文化地位

自中国共产党 1921 年成立起,江苏就有党的活动,江苏始终有着重要的历史地位,其中苏北地区地处战略要冲,苏北的红色革命历程,是党领导苏北人民浴血奋战,求得翻身解放的红色斗争史。苏北的红色历史是中国红色历史的缩影,是党领导中国革命的生动体现。苏北地区的革命是中国新民主主义革命的重要组成部分,留下了宝贵的革命遗存。苏北地区在战争年代气势磅礴的革命历程,创造了英勇悲壮的光辉业绩,再现了苏北人民紧密团结在党的周围,百折不挠,奋勇前进的历史画卷。这些光辉历程具有重要的经济、精神价值,能促进苏北、江苏乃至全国的现代化建设。

2. 苏北红色革命发展历程

苏北的红色革命发生在江苏北部地区,是徐州、连云港、宿迁、淮安和盐城人民追随党、相信党、支持党的历史过程,再现了党在江苏北部团结人民,倚仗人民,为了人民而进行反帝反封建反官僚的革命进程。苏北的红色革命历史,始于五四运动在苏北地区的广泛传播。党在苏北地区的影响,最初是在徐州,尔后影响愈加广泛深刻。在国民党反动势力营造白色恐怖之时,苏北各级党组织毅然组织人民发起暴动。日本侵犯之时,苏北本地的英雄儿女,还有许多外地的中华优秀儿女都曾长期战斗在苏北。在那炮火连天的峥嵘解放岁月里,苏北人民留下了如星般灿烂的英雄篇章。他们气壮山河的革命历史极大地激发和鼓舞了全江苏、全国人民的革命斗争。

二、江苏五市红色文化分述

1. 盐城

　　盐城是有着丰富红色资源的英雄城市。1940 年,根据中央"向南巩固,向东作战,向北发展"的展示,陈毅领部队渡江北上,在海安成立了新四军指挥部,同日伪军进行作战。八路军黄克诚所带领的部队取得黄桥决战后,新四军的东进部队与其胜利会师,建立了苏北抗日根据地。此后 5 年内,新四军在华中敌后抗战根据地做出贡献。期间,1941 年黄克诚所带的八路军被改编为新四军第三师,主要驻守阜宁、阜东、滨海三地。1941—1943 年,日寇对这一地区进行扫荡,新四军坚持了毛泽东的"敌进我退,敌退我进,敌驻我扰,敌疲我打"的作战方针,取得了反扫荡的胜利,保卫了盐阜人民的安全。据统计,新四军在盐城进行了 4 700 余次战斗,在抗日战争和解放战争中,英勇牺牲的盐城籍革命烈士就有 13 000 多人。在盐阜大地,有 128 个镇村以英烈的名字命名,留下了抗大五分校、华中党校、泰山庙重建军部旧址等 248 处革命遗迹遗址(表 9 - 1)。

表 9 - 1　盐城市主要红色文化资源

类型	名　称
革命纪念地	八路军新四军白驹狮子口会师处、新四军重建军部旧址、抗大五分校旧址、粟裕指挥部旧址、停翅港新四军军部旧址、文化村旧址、中共中央华中局扩大会议旧址、新四军三师师部旧址、华中工委旧址、卢秉枢烈士故居、顾正红烈士故居等
烈士陵墓与纪念塔	葬在新烈士墓、华中鲁艺抗日殉难烈士纪念碑、盐阜区抗日阵亡将士纪念塔、八滩王桥战斗纪念塔、郭李烈士塔、苏中四分区抗日烈士纪念碑、钟庄烈士塔、海河十八烈士墓、大丰县烈士陵园、盐南战斗烈士陵园、益林战役烈士陵园、淮北盐场人民烈士纪念塔、阜城烈士陵园、盐城烈士纪念塔、王桥战斗烈士纪念碑、航空烈士公墓、新四军重建军部纪念塔等
纪念馆	新四军纪念馆、大丰县革命烈士纪念馆、阜宁铁军纪念馆、三仓粟裕大将纪念馆、中共华中工委纪念馆、二·六惨案纪念馆等

2. 徐州

1921 年 11 月,由徐州铁路工人反帝反斗争引发的陇海铁路全员大罢工,成为中国共产党初显身手的重大事件。1922 年春,江苏大地上出现了第一批共产党党员和最早的地方组织——中国陇海铁路铜山站支部。1948年 11 月 6 日,以徐州为中心的淮海战役拉开序幕。第一阶段江苏境内全歼黄百韬兵团 17.8 万人,为战役的全胜奠定了基础。1949 年 1 月 10 日,淮海战役胜利结束,长江中下游以北的广大地区获得解放。淮海战役中革命先烈前仆后继、浴血奋战,543 万人民群众和人民军队血肉相连,奋勇支前;徐州地区第一个党支部的创立者吴亚鲁,在平江惨案中壮烈牺牲,践行了他"信仰马列,以身许国,为国为民,何惜头颅"的誓言;邳州"一门三烈"宋绮云、徐林侠和其子"小萝卜头"宋振中,在监狱铸就了"红岩魂"。艰苦斗争的峥嵘岁月,为徐州积淀了底蕴深厚的红色文化和永不磨灭的红色精神(表 9-2)。

表 9-2 徐州市主要红色文化资源

类型	名称
革命纪念地	马克思学说研究小组成立旧址、徐州社会主义青年团诞生地旧址、中共苏鲁豫皖特委办公旧址、"八号门"事件旧址、中共丰县县委成立地旧址、中共沛县第一个党支部成立旧址、中共邳睢县县委成立旧址、黄百韬兵团指挥所旧址、淮海战役碾庄圩战斗华野前沿指挥所(土山古镇)、吴亚鲁革命活动旧址、中国人民解放军第三野战军成立旧址、徐州渡江战役总前委旧址、宿北大战前沿指挥所旧址、贾汪起义旧址、马陵山、潘塘村、马庄村、叶场村等
烈士陵墓与纪念塔	淮海战役烈士纪念塔、十人桥烈士陵园、吕梁狼山阻击战烈士陵园、淮海战役焦山阻击战烈士陵园、沛县革命烈士陵园、睢宁县烈士陵园、小窑头烈士陵园、王杰烈士陵园、碾庄战斗革命烈士陵园等
纪念馆	淮海战役纪念馆、解放纪念馆、井冈山纪念馆、徐州会战纪念馆、碾庄圩战斗纪念馆、小萝卜头纪念馆、运河支队抗日纪念馆、王杰烈士纪念馆

3. 淮安

1937 年 7 月,抗战全面爆发,淮安人民在中国共产党倡导的抗日民族统一战线政策的推动下,高举抗日救亡、保家卫国的旗帜,掀起了如火如荼的抗日救亡热潮。在艰苦的抗战岁月里,全国共诞生了 19 块抗日根据地,淮安地区涉及新四军部队创建的苏中、苏北、淮南和淮北4块。1943年1月,中共中央华中局和新四军军部移驻淮安盱眙黄花塘地区,历时两年八个月之久,淮安地区成为中共中央华中局、新四军的指挥中心,是新四军的重点活动区域。新四军军部重建后,下辖7个师和1个独立旅,其中5个师和独立旅在这里驻扎和战斗过。刘少奇、陈毅、粟裕、黄克诚、张云逸、谭震林、彭雪枫等新四军将领在这里运筹帷幄、披肝沥胆,留下了精彩辉煌的历史篇章。气壮山河的大胡庄战斗、刘老庄战斗、车桥战役、高杨战役、两淮战役等,都发生在淮安大地上(表9-3)。

表9-3 淮安市主要红色文化资源

类型	名 称
革命纪念地	周恩来故居、淮安中共中央华中分局旧址、江淮大学旧址、黄花塘新四军军部旧址、新四军刘老庄连纪念园等
烈士陵墓与纪念塔	西顺河二十六烈士陵园、共和绍武陵园、涟水烈士陵园、东双沟青云革命烈士陵园、岔河淮宝老区革命烈士陵园、王家墩烈士纪念塔、车桥战役烈士纪念塔、老子山刘咀烈士陵园、老子山南山革命烈士陵园、大胡庄战斗烈士纪念塔、朱坝"八一"革命烈士陵园、万集八一革命烈士陵园、黄集双涧革命烈士陵园、仁和桃园革命烈士陵园、淮安革命烈士纪念塔等
纪念馆	周恩来纪念馆、苏皖边区政府旧址纪念馆、黄花塘新四军军部旧址纪念馆、新安旅行团纪念馆、刘老庄八十二烈士纪念馆、中共中央华中分局纪念馆、车桥战役纪念馆等

4.连云港

1927年秋,顾浚泉、陈秀夫、李静山在海州建立连云港地区第一个党组织。1941年3月,罗荣桓率领八路军115师主力东渡沂河,进驻滨海南部地区,连云港成为八路军滨海军区和新四军第三师根据地的交界处,发生了"连云港保卫战""赣榆战役""黄安舰事件"等革命事件,留下了刘少奇、陈毅、罗荣桓、徐向前、谷牧、李超时、符竹庭、刘瑞龙、吕继英、江上青等革命前辈的战斗足迹,同时也留下了一大批革命遗存。1948年11月6日,淮海战役打响后,驻守新海连地区的国民党军连夜撤逃;11月7日,新海连地区解放;12月9日,全境解放(表9-4)。

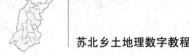

苏北乡土地理数字教程

表 9-4　连云港市主要红色文化资源

类型	名　称
革命纪念地	小沙东海战纪念地、中共赣榆县委旧址、刘少奇故居、吴书烈士故居、董力生故居、汤曙红烈士纪念亭、白虎山中共东海特支成立纪念亭、开山岛、东海民众教育馆旧址、新海连特委旧址等
烈士陵墓与纪念塔	抗日山烈士陵园、灌云县烈士陵园、安峰山烈士陵园、青龙山革命烈士陵园、灌南烈士陵园、吕祥壁烈士陵园、磨山抗日烈士纪念塔、小沙东海战役纪念碑等
纪念馆	连云港市革命纪念馆、抗日烈士纪念馆、青口十八勇士纪念馆、邓小平雕塑公园、灌南红色文化博物馆、灌南人民革命纪念馆、支前纪念馆、方敬纪念馆、灌南人民革命纪念馆等

5. 宿迁

1924 年,沭阳人吴苓生成为宿迁地区第一位中国共产党党员。1927年,宿迁范围的第一个党小组在洋河镇成立。1928 年,中共宿迁县委成立,直属江苏省委领导。全民族抗战爆发后,宿迁地区先后成为淮北、淮海两大抗日民主根据地的中心区。解放战争时期,中国面临着两种前途、两种命运的决战,宿迁地区的党组织领导人民历经了宿北大战,淮海保卫战、支援淮海战役、渡江战役和土地改革运动等,至 1948 年 12 月,宿迁全境获得解放。在民主运动、抗日战争和解放战争时期,刘少奇、彭雪枫、朱瑞、江上青等无产阶级革命家在宿迁大地留下了永垂青史的红色印记(表 9-5)。

表 9-5　宿迁市主要红色文化资源

类型	名　称
革命纪念地	泗洪县大王庄新四军四师师部旧址、宿北大战三台山战场公园、宿豫区宿北大战遗址公园、潼阳县政府旧址、朱瑞故居等
烈士陵墓与纪念塔	半城镇雪枫烈士陵园、宿迁烈士陵园、韩余娟烈士墓园、宿迁洋河沙圩烈士陵园、吴圩烈士陵园、泗洪县朱家岗烈士陵园、七雄烈士陵园、小蔡集烈士陵园、泗阳爱园烈士陵园、沭阳县吴苓生革命烈士陵园、沭淮海抗日中学纪念塔等
纪念馆	宿北大战纪念馆、朱瑞将军纪念馆、双沟镇陈毅纪念馆、双沟惨案纪念馆、彭雪枫纪念馆、红十五军三师纪念园、淮海抗日根据地陈列馆、淮北抗日民主根据地纪念馆、裴圩洪泽湖斗争纪念馆等

三、苏北红色文化精神

红色文化是在革命战争年代,由中国共产党人、先进分子和人民群众共同创造、极具中国特色的先进文化,蕴含着丰富的革命精神和厚重的历史文化内涵。红色文化精神实质上是崇高的理想信念、实事求是的工作作风、为人民服务的宗旨、艰苦奋斗的精神。红色文化精神在革命实践中体现为革命文化,革命先辈为中国革命而奋斗的最终目标是人民的幸福。艰苦卓绝的革命历程带给苏北大地厚重的红色文化精神,其中最为典型的为周恩来精神、新四军铁军精神和淮海战役精神等。

1. 周恩来精神

周恩来精神,是共产主义远大理想同脚踏实地的工作作风的结合、对上负责同对下负责的结合、高度的原则性同高度的灵活性的结合的处事精神,是中华民族最优秀的文化精神和崇高的共产主义精神的完美统一,是共产党人理想精神的集中体现,是中国时代精神的集中体现,具有永恒的价值。其内容核心是全心全意为人民服务;精髓是中华民族的传统美德与马克思主义革命人生观的完美结合。周恩来精神是社会主义核心价值观的重要来源,社会主义核心价值观是周恩来精神的集中体现。

2. 新四军铁军精神

新四军自 1937 年 10 月诞生以来,卓越地完成了对敌后抗日的历史任务,为民族解放事业和世界反法西斯战争做出了重大贡献。抗日战争胜利后,又顺利完成新的战略转变,担负起在华东地区粉碎国民党军进攻,夺取全国解放战争胜利的历史重任。鲜血铸就的新四军铁军精神,是以爱国主义为核心,以共产主义理想为目标,以民族利益为天职,以攻坚克难、拼搏牺牲为特质,它是民族精神的缩影,是中华文明的彰显,也是当代中国精神的重要组成。盐城是新四军重建军部的所在地,淮安是新四军军部驻地时间最长的地区。苏北党员干部和广大干部群众在了解这些党的革命历史、获得巨大历史荣耀的同时,对传承和弘扬好以新四军铁军精神为代表的宝贵革命精神财富,理所当然地便多了一份政治责任和自

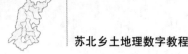

觉意识。

3. 淮海战役精神

淮海战役于 1948 年 11 月 6 日发起，至 1949 年 1 月 10 日结束。在以徐州为中心，东起海州，西止商丘，北自临城，南达淮河的辽阔战场上，60 万人民解放军在以毛泽东同志为首的中央军委的领导下，在由刘伯承、陈毅、邓小平、粟裕、谭震林组成的总前委的指挥下，在 543 万人民群众的全力支援下，谱写了古今中外战役史上最为动人的篇章。斯大林称赞道："这不仅是中国革命战争史上的奇迹，也是世界战争史上的奇迹！"淮海战役精神是淮海战役胜利的根本原因，淮海战役蕴含着科学运筹、果敢决断的担当精神，蕴含着听党指挥、忠诚可靠的看齐意识，蕴含着一往无前、英勇善战的战斗精神，蕴含着依靠群众、相信群众的支前精神。

第二节　　　淮剧文化

淮剧，又名江淮戏、淮戏等，是一种古老的地方戏曲剧种，发源于江苏省北部的里下河平原地区，现流行于江苏省、上海市及安徽省部分地区。

长江以北的盐淮地区，自古巫风极盛，从明、清以来，民间盛行香火会、船头会、火星会、青苗会等文化活动，逢节或逢集，都有舞龙灯、打花鼓、玩麒麟、舞狮子、荡湖船等文化表演活动。为达到娱乐大众、教化民众的目的，一些灯会、庙会和神会活动中，渐渐有了由僮子装扮人物、演唱故事之类的表演，内容多为神话传说、劝世故事等，这可以看作淮剧的萌芽。今盐城市上冈石桥头《吕氏家谱》中有如下记载："嘉庆元年（公元 1796 年），吕氏九世世凰公演香火戏"这段文字是迄今最早的关于淮剧演出的史料记录。

同一时期，盐淮地域的盐工、船工、渔民、农民和手工业者等各行业劳动者，他们在劳作之时，习惯以田歌、秧歌、牛歌和号子等说唱形式鼓劲，一些田歌、民谣吸收了花鼓和连湘的舞蹈,形成了以说唱为主的地方小戏。这些地方小戏主要由普通民众传唱,他们平时务工种田,闲时或逢祭祀、庙会等便参与演出。据史料记载,清嘉庆前后,盐淮逃荒者甚众,走投无路的难民,为求生存,以云板击拍,沿门清唱小曲,以行乞求生,史称"门叹词"。香火戏艺人和门叹词艺人结伙搭班,时聚时散,露天演出"对子戏""三小戏"。此时正值徽班兴起之时,受此影响,门叹词也在不断变革,逐步发展为具有简单故事情节的民间戏文,从唱"散脚"逐步发展为唱"关书",搭墩子乃至小场戏。

清同治元年(公元1862年)前后,以"门叹词"艺术形式为基础和主体,盐淮小戏作为一种新的戏曲剧种正式形成,该剧种当时俗称"三可子"。"三可子"之来由传说不一,较为可信的说法是"三可"为"河",因该剧种源于上河、里河和下河地区。盐淮小戏包括东、西两大流派:东路的盐城、阜宁等下河地区,以演唱下河调、靠把调、南昌调为主,音调刚柔相济;西路的淮安、淮阴、宝应上河和里河地区,以演唱淮崩子为主,音调高亢激越。当时的伴奏,场面上有大锣、小锣、响板及竹根鼓组成,尚无弦乐(图9-1)。

图9-1 早期淮剧

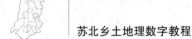

同治三年(公元 1864 年),为兼顾各阶层欣赏乐趣,时邀徽剧和盐淮小戏同台演出,史称"徽夹可",盐淮小戏吸收徽班艺术,不断获得改良和壮大:行当由原本的仅有小生、小旦、小丑,发展到"生、旦、净、丑"诸行俱全;演出从只唱不做,到表演上开始讲究"一引、二白、三笑、四哭"等形式;又吸收徽剧武戏的营养,出现以武戏见长的剧目和演员;由徽剧发展而来的"靠把调"成为淮剧的常用曲调;通过引进徽刚锣鼓经,丰富了盐淮小戏的场面伴奏。京剧取代徽剧流行后,盐淮小戏又与京剧同台,谓之"皮夹可",表现形式上又受到京剧的影响。

1912 年以后,香火戏开始南下,淮剧艺人何孔德、何孔标、陈达三等,把淮剧带到上海演唱,还陆续去沪宁线及杭嘉湖一带演出,称为"江淮戏"或"江北小戏"。抗日战争初期,苏北多数城镇沦陷,戏班从城市退回农村,多数班社解散。20 世纪 40 年代初,盐阜一带成为中国共产党领导的抗日民主根据地,许多淮戏艺人也积极参加抗日宣传演出。1942 年,苏北文工团凡一、方徨、常虹、雪飞 4 人组成淮戏研究小组;10 月,新四军军部帮助阜宁县成立了停翅乡文工团,先后编演了 40 多出现代淮戏;毛泽东《在延安文艺座谈会上的讲话》发表后,盐阜地区先后成立了 9 个县文工团,每团均设淮戏组(队),连同各乡镇的业余剧团,共上演了自编的 600 多出现代淮戏。

中华人民共和国成立后,1951 年,以何叫天、筱文艳为正、副团长的联谊剧团和以马麟童为团长的麟童剧团合并为淮光淮剧团,从此淮剧有了自己的名字。1953 年,它被国家正式定名为"淮剧"。1953 年 5 月成立了上海人民淮剧团(上海淮剧团前身),1956 年 11 月在南京成立了江苏省淮剧团,淮剧这个地方剧种进入了繁荣发展的时期。

淮剧语言是以今江淮官话的方言为基调,并兼顾附近的淮安、盐阜等地方言而戏曲化的一种舞台语言。建湖县地处淮剧艺术发祥地的中段,历史上的僮子、香火戏艺人大多出生于此。该地的语言与周围地区相比,具有语调工稳、四声分明、五音齐全、富于韵味、发音纯正、悦耳动听等优点,为不同时期的淮剧艺人所采用。1961 年,淮剧艺术考定委员会界定淮剧语言以建湖县方言语音为基调,同时适当吸收周围地区具有普遍意义的个别字音加以丰富。淮剧语言在长期的实践中逐步形成了 20 个韵部。其中四声韵 14 个,即爬沙、婆娑、图书、愁收、乔梢、开怀、齐西、谈山、田仙、辰生、琴心、垂灰、常商、蓬松,在实际运用中,通常将"辰生"和"琴心"混合使用。此外,还有6个入声韵,即霍托、活泼、六足、黑特、邋遢、锅铁,入声不分上、下,习惯称之为"一字韵"(图9-2)。

图9-2 淮剧经典剧目——《牙痕记》

淮剧唱腔除了新淮调、新悲调等主要唱调外,尚有〔南昌调〕〔淮悲调〕〔春调〕〔十字调〕〔下河调〕〔叶子调〕等腔调,以及部分来自民歌、小曲的调子,如〔磨房调〕〔补缸调〕〔跳槽调〕〔八段锦〕〔蓝桥调〕等。伴奏乐器有二胡、三弦、扬琴、笛、唢呐等;打击乐器有扁鼓、苏锣、铙钹、堂锣等。在盐阜"花鼓锣""僮子锣""麒麟锣"基础上发展起来的一整套伴唱锣鼓,具有鲜明的艺术特色。

盐城市作为淮剧的发源地,民间有着浓厚的淮剧文化氛围,十分重视淮剧艺术的传承与创新,淮剧博物馆坐落在盐城市聚龙湖东北角,于2011年6月11日正式向公众开放,是一座明清风格的四合院,占地2600平方米、建筑面积1600平方米。淮剧博物馆是集展陈、传习、演出于一体的专题博物馆,分为历史沿革、艺术常识、名人名作和文化现象四个展厅,通过原作剧本、经典剧照、视听资料、舞台模型、服装道具等珍贵藏品,展现淮剧发展历程和艺术成就(图9-3)。

图 9-3　淮剧博物馆

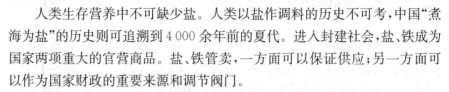

第三节　　　　　　　　海盐文化

　　人类生存营养中不可缺少盐。人类以盐作调料的历史不可考,中国"煮海为盐"的历史则可追溯到 4 000 余年前的夏代。进入封建社会,盐、铁成为国家两项重大的官营商品。盐、铁管卖,一方面可以保证供应;另一方面可以作为国家财政的重要来源和调节阀门。

　　早期海盐,是支起大锅用柴火煮熬出来的。汉、魏以前的历史书上多有"煮海为盐"的记载。开辟盐田,利用太阳和风力的蒸发作用,晒海水制盐的工艺,比起煮海为盐,是很大的进步。我国是海水晒盐产量最多的国家,也是盐田面积最大的国家。我国有盐田 37.6 万公顷,年产海盐 1 500 万吨左右,约占全国原盐产量的 70%。我国著名的盐场,从北往南有辽宁的复州湾盐场,河北、天津的长芦盐场,山东莱州湾盐场,江苏淮盐盐场(图9-4),以及浙江、福建、广东、广西、海南的南方盐场。每年生产的海盐,供应全国一半人口的食用盐和80％的工业用盐,此外,还有100万吨原盐出口。我国海盐业对国家的贡献是很大的。

图9-4　江苏盐场

 第四节　　　　　　　楚汉文化

一、楚汉文化地位

苏北地区文化源远流长,这里是"多元一体"的中华文明起源和楚汉文化产生发展的重要区域。徐州沛县为汉高祖刘邦的故乡,两汉四百余年间,徐州地区历经13位楚王、5位彭城王、4位下邳王,留下了大量遗迹遗址,以"汉墓、汉兵马俑、汉画像石"为代表的"汉文化三绝"彰显了两汉文化看徐州的魅力所在;此外,楚汉相争另一主角西楚霸王项羽出自宿迁,"兴汉三杰"

之一韩信为淮安人士,两地均遗留兴建了一大批楚汉文化遗存。作为区域文化的楚汉文化在漫长的历史进程中诞生、发展、传播,对整个中华民族文化的发展起到了重要的推动作用。

楚汉文化属于炎黄文化,它起源于6 000年前的青莲岗文化、大墩子文化、花厅文化乃至更早的下草湾智人文化,融合先秦黄河、长江两大文化体系,形成于秦汉之际的"楚汉争霸"时期,是两汉文化的先声,是中华文化的重要组成部分,有鲜明的特征,有深刻的内涵,有久远的影响。楚汉文化以国家历史文化名城徐州(古都彭城)为中心,覆盖徐、淮、盐、宿、连地区,既是江苏地域文化主区之一,也是两汉文化的先声和中华文明的圭臬。

二、楚汉文化特色

楚汉文化与其他地域文化相比,既有共同点,也有自身特点,但其最鲜明的主要特征可以概括为"刚强雄浑、尚武崇文、勇于竞争"。

1. 刚强雄浑

楚汉文化区的地理环境深深影响了区域人民的性格特征,赋予了楚汉文化的巍巍雄风。从项羽的"力拔山兮气盖世",到刘邦的"大风起兮云飞扬";从巍峨壮观的"汉代三绝"(汉墓、汉兵马俑、汉画像石),到高亢激越的梆子戏和"拉魂腔"柳琴戏、淮海戏,都洋溢着这一精神。它不仅体现在庙堂之上,而且也弥漫在草野民间,反映在区域人民的精神风貌上。

2. 尚武崇文

从楚汉相争到淮海战役,这里历史上发生过数百次大小战争,演绎了许多惊心动魄的军事故事,留下了大量富有价值的战争遗迹。这里盛行竞技性极强的文体活动,沛县是全国著名的"武术之乡"。这里有大量以战争为主题的在舞台艺术,如《反徐州》《战洛阳》《战洪州》等。这里既有诸如项羽、樊哙等"拔山盖世"的猛夫勇士,也有张良、萧何那样锦口绣心的文臣谋士。南唐二主李璟、李煜把楚汉文化的崇文精神发挥到极致,尽管他们治国理政无方,但文才横溢,写下了许多名篇佳作。此地更有许多创作鸿篇巨制、独领风骚的名家大师。

3. 勇于竞争

苏北地区河流众多,自黄河"夺泗入淮",数百年间洪水泛滥、水患不断,成了"洪水走廊"。这里的人民谱写了波澜壮阔的斗水治水篇章,留下了诸如徐州的黄楼、淮安的镇淮楼、盐城的范公堤等历史遗产,以及南水北调、苏北灌溉总渠、连云港拦海大堤等现代重大水利工程。

三、楚汉文化的历史遗存

汉墓、汉画像石、汉兵马俑是苏北地区突出体现楚汉文化特征与面貌的重要文化遗存,被称为"汉代三绝"。

1. 汉墓

两汉时期徐州共历十八代封王,他们的墓葬在徐州附近地区共同组成了全国最大的汉代王陵墓葬群。经过不断考古发掘,近年来已发现楚王山、北洞山、狮子山、驮篮山、龟山、东洞山、卧牛山、南洞山等西汉楚王陵墓和土山东汉彭城王墓等。

延伸阅读

汉墓简介

狮子山楚王陵位于徐州市区东部,是现已发掘的徐州地区规模最大、文物遗存最多、历史价值最高的一座西汉王陵,是第四批全国重点文物保护单位,位列 1995 年中国十大考古新发现、中国 20 世纪 100 项考古大发现。

楚王陵坐北朝南,依山为陵、凿山为墓,陵墓直接开凿于山体之中。陵墓规模宏大,南北总长 117 米、东西宽 13.2 米,深入山体 20 余米,凿石方量 5 100 余立方米,工程浩大、气势磅礴。楚王陵墓模仿地上宫殿的建筑结构,建有洗浴室、御府库、御敌库、钱库、印库、相室、礼乐房以及楚王嫔妃陪葬室等大小墓室12间,再现了汉代楚王奢侈的生活场景,鲜明印证了汉代盛行的"事死如事生"的厚葬观。陵墓中出土各类珍贵文物近2 000件(套),包括金缕玉衣、镶玉漆棺、枕、璧、璜、佩、印章,以及银、铜、漆、骨、铁、陶器、石磬、铠甲和兵器等。

在苏北地区众多汉墓中,值得一提的还有茅村汉画像石墓。该墓是第一批江苏省文物保护单位、第六批全国重点文物保护单位,位于徐州市铜山区茅村镇凤凰山东麓、茅村实验小学北侧。全墓长10.4米,最宽处6.9米,共有三间主室、四间侧室及一个长廊,总面积近百平方米。墓前室北壁右上角所刻"熹平四年四月十三日酉",证明墓葬建于东汉灵帝熹平四年(175年),是目前我国墓室保存完整、葬制风格典型、具有典型代表性的东汉画像石墓室。这座墓葬不同于龟山汉墓及狮子山楚王陵的依山为陵、穿穴成墓,而是平地挖圹、内砌石室,最后封土深葬的石室墓。墓室通用青石砌筑,中间灌以灰浆,地面亦用青石铺就,是古代典型的"金匮石室"。画像石雕于墓门门楣、第一室四壁上部及第二室四壁上下,全墓石刻画像共19幅,内容有车马出行、仙人戏兽、百戏杂技、楼阁阙观等,其中前室门额为一块长2.06米的车马出行图,尤为壮观。

2. 汉画像石

汉画像石是中国艺术宝库中的瑰宝,气势恢宏、博大精深,具有重要的历史、文化、艺术和科学价值。苏北地区的徐州、宿迁等地是汉画像石的重要分布地和出土地。目前,徐州地区出土汉画像石2 000余块,收藏在徐州汉画像石艺术馆的画像石有1 500余块;宿迁市沭阳、泗阳、宿城及周边地区均有汉画像石出土,比较著名的有泗洪重岗西汉墓画像石、泗洪曹庙东汉墓画像石。

对于汉画像石的历史文化价值,翦伯赞在《秦汉史》一书中提出:汉画像石"几乎可以成为一部绣像的汉代史","除了古人的遗物以外,再没有一种史料比绘画雕刻更能反映出历史上的社会之具体形象。同时,在中国历史上,也再没有一个时代比汉代更好地在石板上刻出当时现实生活的形式和流行的故事来"。

延伸阅读

汉画像石简介

作为汉代墓葬、祠堂的建筑装饰构件,画像石的内容表现了人们对现世生活的眷恋和对未来生活的追求。汉画像石内容非常丰富,它几乎是汉代社会的缩影。从幻想到人间,由天上到地下,从历史到现实,各种物象,生活场景,都被雕刻艺术家们精心塑造刻画记录下来,其中有上层贵族的求仙祭祀,避鬼驱邪,宴饮享乐,建筑起居,狩猎仪仗,车马出行等;下层奴仆们的农耕、收割、纺织、走索、舞乐百戏、打扇、庖厨、屠宰、舂米等;牛、羊、马、鹿、虎、猴、兔、鸡、鸭、鹅、猪、狗、猫等各种动物形象;各种人兽相斗,兽兽相斗,神话历史故事,图腾龙凤物像等,是研究汉代社会难得的珍品。

3. 汉兵马俑

汉代是我国古代陪葬陶俑最为流行、数量最多的时代,相对于秦俑而言,汉俑比例缩小,写意性更强。苏北地区出土的陶俑数量和种类极多,如北洞山汉墓色彩明艳、神态逼真的彩绘仪卫俑,驮篮山和北洞山汉墓典雅婉约、纤手琴瑟的乐舞俑、杂役俑,狮子山楚王陵的兵马俑等,是汉代楚国生活、仪礼、军事的直观反映,具有极高的艺术价值。

延伸阅读

汉兵马俑简介

军阵庞大、造型古朴的汉兵马俑发现于狮子山楚王陵,在陵墓西侧的兵马俑陪葬坑先于墓葬被发现,并于1984年首次发掘。考古工作者清理出俑坑两条,长约28米,发掘出兵马俑2 300余件,多为步兵,仅有马俑4件。俑高25—48厘米,模制、体型较小,手中持有象征性的兵器,坐东向西,排列有序,有的身着战袍,有的头戴盔甲,有的背负箭囊,姿态各异,有站、坐、跪之分。身饰黑、白、红等色彩,多已脱落,从气势和形象中给人以性格迥异的感觉。另发现车骑俑坑两个,为墓的陪葬坑,兵马俑不仅纤巧秀丽,而且雄浑凝重,它与战国楚俑、湖南木俑、西安秦俑等有着明显的继承关系,与徐州北洞山汉墓出土的跪坐俑如出一辙。墓葬年代应为西汉初期。狮子山兵马俑是继杨家湾汉俑之后的又一重大发现,是徐州自古就是军事重镇的历史见证。经勘探,南侧尚有一条同样的三号俑坑,有待今后发掘。这支由步兵、车兵和骑兵组成的兵马俑军阵,是西汉早期楚王国实战军队的地下缩影,完整再现了西汉早期楚国军队的真实历史面貌。这种承前启后的军阵组合,对研究我国古代军事发展史及西汉政治、社会、文化和艺术等均具有重要意义。

除上文所述,苏北地区的其他楚汉物质文化和非物质文化遗存还有很多,包括彭祖文化遗迹、汉代采石场、戏马台、户部山古建筑群、汉玉、徐州香包、徐州剪纸、汉代舞蹈、汉代楚歌、汉代蹴鞠等。它们都是楚汉文化的重要组成部分,是中华优秀传统文化传承发展的见证。楚汉文化既属于江苏,更属于中华民族,承载着中华民族自强不息、刚健有为的精神基因,是中华民族文化自信和文化创新的重要源泉。

第五节　　　数字苏北文化

本案例与苏北的徐州楚汉博物馆、淮安周恩来纪念馆、盐城海盐博物馆、新四军纪念馆合作,借助各个纪念馆、博物馆的现有数字平台,重点展示四色文化和淮剧文化。并将情景式教学模式、案例教学模式、参与社会调查模式数字化,通过网上直播、微信公众号、网红打卡地、专家教授小视频、实习实训全过程实录等形式记录下来,相关成果拟与智慧树平台合作,进一步展现高质量、数字化的苏北文化。

本节相关数字化资料，请微信扫描下方二维码获取。

⊙ 江苏省党史教育基地

⊙ 苏北红色文化

⊙ 汉文化景区

⊙ 徐州汉墓及汉兵马俑

【参考文献】

［1］连云港市文化局.连云港市文化志[M].北京：中国戏剧出版社,1996.

［2］盐城市地方志编纂委员会.盐城市志[M].南京：江苏科学技术出版社,1998.

［3］徐州市地方志编纂委员会.徐州市志[M].北京：中华书局,1994.

［4］淮安市地方志编纂委员会.淮安市志[M].南京：江苏人民出版社,1998.

［5］宿迁市地方志编纂委员会.宿迁市志[M].南京：江苏人民出版社,1996.

［6］李冰.楚汉文化的核心精神与内涵[J].中国社会科学报,2020(2037):1-2.

［7］徐耀新.楚汉文化寻真[J].新世纪图书馆,2018(1):5+65.

第十章
长三角的粮仓
——苏北农场

上海农场

1950 年,时任上海市市长陈毅提议,由华东局、上海市委派员与苏北人民行政公署商定,在台北县(今大丰区)划出一片土地作为上海的垦区(命名为上海农场)(图 10-1),以保障上海市的粮食供应。在设立初期,农场接收了大量的无业游民和犯人劳动。从 1968 年开始逐渐接受上海知青来此开垦。在农场的建设过程中,数万名上海知青在此为新中国的

图 10-1 上海农场

建设添砖加瓦。虽然1980年后许多的上海知青逐渐返回上海，但是也有不少知青留了下来并成了农场建设和发展的中间力量。经过数十年的耕耘，从上海农场运出来的海丰大米、光明渔业的水产，以及梅林畜牧的猪肉，都成了上海人耳熟能详的"老牌子"，是上海人民菜篮子稳定的重要保障。

在农场的建设过程中，农业的发展也逐渐提升了周边农民的生活环境，上海知青的大丰岁月也给大丰带来了"海派文化"，诞生了一代"海丰少年"。多少年来，对大丰人而言，家门口的"上海飞地"是提高大家生活质量的重要依托。在建设初期，由于生产农具的落后，上海农场用工需求大，尤其在农忙时，工人紧缺现象尤为突出。上海农场积极接纳周边村民前往农场做工。20世纪90年代时，周边村民在农场工作一天便可拿到100元，对于当时落后的苏北农民而言算是"巨款"。

随着科学技术的进步，上海农场的生成条件不断完善。目前农场逐渐开始了机械化作业模式，以提高生产效率。比如以前农场都是用喷雾器人工打药，如今都是用小型无人机喷洒农药（图10-2）。无人机植保作业与传统植保方式相比，优势明显，喷雾精准，高效环保。2020年，《瞭望东方周刊》在采访上海农场党委工作部部长王季时，王季说："现在上海农场农业发展有两大特点：一是推进全程机械化，比如现在水稻从播种到收获基本不用

图10-2 上海农场的无人机植保飞防作业

人工,机械化率已经在 95％以上,未来将实现"无人化种植";二是智能灌溉与信息化系统相结合,现已在农场内 2 000 多亩农田试点,且还在大面积推广。同时,上海农场还积极引入新技术,提高消费者对产品的认可度,比如在产品外包装上提供独一无二的二维码,方便消费者查询产品的整个生产流程,农场在上海五角场通过大屏幕实时直播农场的生产情况,使消费者买得放心,吃得安心。

今天上海农场依旧是保障上海农副产品供应的主力军。有关数据显示,上海市场上销售的农副产品中约 10％来自大丰。光明食品(集团)有限公司党委书记、董事长是明芳表示,大丰是农场的母港,也是光明投资的首选。目前上海农场正探索推动大丰的生态优势转变为产品优势,特别是促进农场优势转变为农场平台优势,引导大丰的农副产品直接进入上海市民的餐桌。为更好地以农场带动整个大丰发展,服务长三角经济的发展。时任盐城市委书记戴源提出,上海农场约 307 km²,但大丰区有 3 059 km²,我们可以将整个大丰为"飞地经济"做配合,打造"全域飞地"。

第二节　国有农场的发展

自 1949 年中华人民共和国成立以来,全国建立了许多国有农场。这些国有农场,在国家特殊任务、保障居民粮食安全等方面发挥了积极的作用,促进了农业经济的快速发展,成为社会主义经济中的重要组成部分。目前,苏北共建有大型国有农场 18 个(图 10－3),垦区土地面积 183 万亩,并发展成为江苏规模最大、现代化水平最高的商品粮生产基地和优质农产品供应基地。

图 10 - 3 江苏主要农场的名称与空间分布

一、苏北国有农场的发展趋势

1. 加快产业现代化建设

国有农场的发展一直致力于促进我国的农业现代化建设。在较长的一段时间内,苏北的农业生产的机械化水平较低,极大地束缚了劳动力,制约着经济的发展。在新农村建设过程中,国有农场可利用农业产业化水平较高的优势,积极整合资源,加大科技投入,培养高科技人才,推动内外产业联动,不断提高农业生产的机械化水平(图 10 - 4)。苏北国有农场内在资源方面具有明显的优势,可依托这些优势产业集群,将农业产业体系中的多个环节充分整合、统一利用起来,实现农业生产的精细加工,延伸产业链,扩大附加值,极大地提高了农民的收益。此外,还可结合实际需求与农场周围的农户建立利益联结机制,以从整体上提高区域内农业生产水平。

图 10 - 4　苏北农场的机械化生产(左图为土地激光平整作业;右图为大型农药喷洒作业)(图片来源:江苏省农垦农业发展股份有限公司弶港分公司孙中钦)

2. 加大良种供应

江苏农垦集团已建成国家育繁推一体化种子企业 1 家,为实现江苏农业增收、保障国家粮食安全奠定了基础。经过多年的发展,我国农业整体生产水平较以前有了很大幅度的提升,基本上能够确保主要的农产品(如粮食、棉花等)供需达到平衡状态。但是随着社会经济的发展,人们生活水平不断提高,对农产品有更高的需求,而近年来各种粮食安全问题频发,对粮食的安全生产造成极为不利的影响。国有农场可以利用其在粮、棉等多种资源方面的优势,不断提高良种供应能力,积极促进良种推广,为我国粮食生产安全打好基础条件。

3. 提高科技服务综合水平

现代化的农场建设离不开有文化、懂技术、会经营的高技术农民。经过数十年的发展,目前国有农场逐渐建立了完善、高效、全面的科技服务体系,培养了一大批高水平的农业技术人员。国有农场还积极发挥自身优势,通过多种形式的授课,主动承担起对周边的农户农业技术传播与指导的教师角色,促进了农业新技术、新方法在农村地区的推广,提高农户种田水平。此外,国有农场还组织自己机械化的作业队伍,为周边的农户提供一些机械化作业服务。

二、存在的问题

1. 与外界联系不充分

经济的增长与产业结构之间关系密切,经济发展水平不同,其产业结构也有所不同,而产业结构的合理调整,也会为城镇经济的发展注入新的活力,加速其经济增长。国有农场的基本生产资料即为土地资源,主导产业为农业,总体结构水平不高,产品多数为一些科技含量不高的初级产品,深加工产品缺乏,真正在市场上能够获得较好效益的项目、企业数量不多。苏北国有农场地理位置多数比较偏远,刚开始建立时是为了开荒种地,经过多年的发展而逐步形成,距离城市较远,交通不便,未能与外界建立起充分的联系。对于一些规模不大的国有农场,其产业结构趋同性较高,横向联系较少,同时行政管理单位有别,国有农场也难以与其他城市之间建立起长久的合作,自我封闭性较强,不利于区域内经济一体化,也阻碍了自身功能的不断完善。

2. 人才外流现象明显

我国的国有农场多数建立的年代比较久,经过多年的发展,内部的不少配套基础设施建设滞后,与新时期农业发展需求不相适应。近年来,虽然农场在基础设施上加大了投入,但由于原来的建设标准低,改造的任务比较重,而投入的资金相对不足,且投资的渠道也过于单一,造成短期内成效不明显,发展后劲不足,不利于国有农场的长期发展。改革开放以来,社会经济快速发展,不同区域的经济发展水平差距日益扩大,对于大多数国有农场,由于地处偏远地区,不但管理、技术方面的人才引进困难,而且原来的人才也向经济发达的地区外流。

三、改革建议

1. 建立完善的社会化服务体系

主要包括科技生产、信息、资金等。在农业生产方面,可根据农业生产的各个环节设立专门的公司提供服务,如产前环节主要提供良种、生产培训、科技、信息等方面服务;产中环节主要提供植保、农机、经营等方面服务;产后环节主要提供加工、销售、储存、运输等方面的服务。农场内部的卫生、教育、后勤等服务部门可采取半社会化的管理方式。经营的费用由收益的单位、个人等承担,并逐渐从企业中将后勤服务、社会性工作等脱离出来。国有农场建设的时间很早,目前有很多老职工,长期以来遗留下来的问题比较多,农场的负担很重。国有农场可根据实际情况,将养老保险纳入农场的统筹中,不断完善社会性的失业保险制度,对失业职工可通过相关职业培训等,提高其再就业的工作技能,使其重新走上新的工作岗位。

2. 产业功能亟待快速提升

目前,射阳已形成了以食品加工、纺织染整、机械装备、生态造纸、新能源等为主体,商贸、物流、住宿餐饮等服务业为配套的产业功能,但总体上产业层次不高。一方面制造业主体部分主要以低附加值的生产加工环节为主;另一方面,射阳服务业辐射范围有限,高端生产性与商务服务功能欠缺,高品质、特色化的生活服务业发展滞后。在全国经济下行压力增大的背景下,射阳产业发展必须抓住三个要点,一是依托原有制造业根植,加快传统制造业产业转型升级,推进优势制造业向收益高的研发、营销与售后服务环节拓展;二是大力发展高端与高收益的现代服务业,实现产业功能提升具有现实迫切性;三是巩固农业发展优势,提高农业现代化水平,实现经济发展路径的多元化与发展水平的提升。

第三节 　　　　　　家庭农场

家庭农场是以农户家庭为基本经营单位,以家庭成员为主要劳动力,从事农业规模化、集约化、商品化生产经营,以农业收入为家庭主要收入来源,并经工商注册登记的新型农业生产经营主体。家庭农场作为 2012 年前后才兴起的新型土地规模经营主体,还处于雏形阶段,一直以地方实践为主,各个地方还在探索总结,没有成熟的指导,中央层面尚未对其做明确定义。目前,由于土地流转不规范,难以获得相对稳定的租地规模,面对农户承包地极细碎的现状,要实现土地规模经营,最大的困难就是租到成方成片的耕地,并确保租期较长、相对稳定。但由于中国农村土地产权模糊和农民的惜地意识,许多农户不愿长期出租土地,致使家庭农场难以稳定地保持足够的土地经营规模。

此外,家庭农场难以得到相应的扶持政策,缺乏更新设备和改善农田基础设施的资金投入。一些农民流转了大量土地做农场经营,但是受没有进行土地整理的限制,地被分成若干小块,遇上机耕道,必须自己扛着小型农机到另一块田里去。昂贵的租金占用了大量的流动资金,搞土地整理自己又无财力完成。融资难也是制约家庭农场发展的一大障碍,家庭农场生产经营过程中融资困难,农民很少有可以抵押的资产,靠少量贷款根本解决不了问题。为解决上述困难,目前家庭农场主要存在三种经营模式:

一、"公司＋农户"模式

"公司＋农户"模式的主要特点是公司开发,农户参与,公司直接与农户联系,并合作经营与管理。它通过吸纳社区农户参与到乡村旅游的开发,在开发浓厚的乡村旅游资源时,充分利用了社区农户闲置的资产、富余的劳动力、丰富的农事活动,增加了农户的收入,丰富了旅游活动,向游客展示了真实的乡村文化。它是在发展乡村经济的实践中,由高科技种养业推出的经营模式,因其充分地考虑了农户利益,在社区全方位的参与中带动了乡村经济的发展。同时,通过引进旅游公司的管理,对农户的接待服务进行规范,避免不良竞争损害游客的利益。这种模式的形成通常是以公司买断农户的土地经营权,通过分红的形式让农户受益。

二、"农户＋农户"模式

"农户＋农户"模式是由农户带动农户,农户之间自由组合,共同参与乡村旅游的开发经营。在远离市场的乡村,农民对企业介入乡村旅游开发有一定的顾虑,大多农户不愿把资金或土地交给公司来经营,他们更信任那些

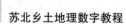

"示范户"。在这些山村里,通常是"开拓户"首先开发乡村旅游并获得了成功,在短暂的磨合后,就形成了"农户＋农户"的乡村旅游开发模式。在他们的示范带动下,农户们纷纷加入旅游接待的行列,并从示范户学习经验和技术。这种模式通常投入较少,接待量有限,但乡村文化保留最真实,游客花费少还能体验真的本地习俗和文化,是受欢迎的乡村旅游形式。这也是一种初级的早期模式,只有通过农户间的合作,才能达到资源共享的目的。

三、个体农户经营模式

在全国各地迅速发展的"农家乐"就是这一经营模式的典型代表。通常呈现规模小、功能单一、产品初级等特点。通过个体农庄的发展,吸纳附近闲散劳动力,通过手工艺、表演、服务、生产等形式加入服务业中,形成以点带面的发展模式。个体农民经营模式是一种简单初级的模式,通过对自己经营的农牧果场进行改造和旅游项目建设,它主要以农民为经营主体,农民自己经营,使之成为一个完整意义的旅游景区(景点),能完成旅游接待和服务工作。通过旅游个体户自身的发展带动了同村的农牧民参与乡村旅游的开发。

第四节　数字苏北农场

本节相关数字化资料,请微信扫描下方二维码获取。

///　知识窗　///

◉ 上海农场专题篇
◉ 盐碱地变良田
◉ 上海农场飞地经济

【参考文献】

［1］万宏蕾.城市群"强支点"［N/OL］.瞭望东方周刊,2020-10-29(22)［2022-07-08］.

［2］陈德仙,胡浩,黄中伟,等.现阶段家庭农场的生产经营特征分析——基于长江中下游地区的监测数据［J］.农业经济问题,2021(8):73-82.

［3］李四海.我国国有农场发展现状及改革建议［J］.现代农业科技,2017(15):263-265.

［4］田鹏.农地产权视角下农业经营制度变迁的实践逻辑及反思［J］.经济学家,2021(9):119-128.

［5］匡绪辉.家庭农场:管理水平测度与因素分解［J］.江汉论坛,2019(9):78-83.

［6］赵伟峰,王海涛,刘菊.我国家庭农场发展的困境及解决对策［J］.经济纵横,2015(4):37-41.

［7］陈永富,张航,方湖柳.不同类型家庭农场运营效率评价与影响因素分析——来自浙江的经验证据［J］.安徽农业科学,2021(17):230-235.

［8］袁梦,易小燕,陈印军,等.我国家庭农场发展的现状、问题及培育建议:基于农业部专项调查34.3万个样本数据［J］.中国农业资源与区划,2017(6):184-188.

［9］靳欣婷,孟志兴,孟会生.土地流转年限对家庭农场农业综合效率的影响路径研究［J］.农学学报,2021(8):104-109.

第十一章

苏北美好人居

——美丽乡村

苏北农房建设

乡村,作为中华文明的根基,对于中国人有着尤为重要的意义。几千年以来,我们的祖先依附于自然与土地,辛勤耕耘,在此过程中形成了以农耕文化为核心的灿烂文明,孕育了一批社会秩序井然的中华传统乡村。可以说,饱含先人营建智慧与深厚的生产生活的传统乡村是中国人的心灵皈依与情感家园。然而,近代以来的城镇化发展进程从根本上改变了城乡关系,乡村自给自足的经济与社会体系被打破,乡村劳动力外流、环境恶化、乡土文化式微成为当前乡村面临的共性问题。那么,城镇化乃至全球化背景下的乡村将何去何从,已成为当下国际社会关注的热点议题。

围绕该议题,党的十九大提出"乡村振兴"战略,2018 年中央一号文件提出目标任务:2020 年乡村振兴取得重要进展,农村人居环境明显改善,美丽宜居乡村建设扎实推进;2035 年乡村振兴取得决定性进展,农村生态环境根本好转,美丽宜居乡村基本实现;2050 年乡村全面振兴,农业强、农村美、农民富全面实现。随后中共中央办公厅、国务院办公厅印发了《农村人居环境整治三年行动方案》。党的二十大提出全面推进乡村振兴。坚持农业农村优先发展,坚持城乡融合发展;扎实推动乡村产业、人才、文化、生态、组织振兴。乡村住房作为最贴近广大农民的民生问题,是建设美丽宜居乡村,落实乡村振兴战略的一项重要举措,反映了不同阶段农村人居环境状况和对美丽宜居乡村的要求。本章以苏北地区为例,对美丽宜居乡村建设进行初步探讨。苏北地区即江苏省北部地区,包括徐州、连云港、宿迁、淮安、盐城五个地级市。截至 2017 年,苏北地区共有 5 个地级市、辖 17 个市辖区、3 个县级市、17 个县。

一、苏北以农房为中心的宜居乡村建设

苏北地区属于华东地震区,地质构造较为复杂,主要由五个断裂带:郯

庐断裂带、海州—泗阳断裂带、淮阴—响水断裂带、洪泽—流均沟断裂带、盐城断裂带。苏北地区在历史上遭受过严重的地震灾害,20世纪90年代以来,江苏省一直被国家列为重点监视防御地区,农村房屋特别是苏北农民住宅的抗震能力与需求相比仍有很大差距。就全国看,农村住房建筑工程上主要采用四种建筑结构:钢筋混凝土、砖混、砖(石)木、竹草土坯结构。抗震抗火性能最好的是钢筋混凝土结构,然后依次是砖混、砖(石)木,最差的是竹草土坯结构。苏北地区农房建设经历了不断提档升级的发展过程,综合房屋的材料、结构、质量和人居环境等要素,可以大致划分为四代:第一代的土坯房或泥瓦房、第二代的砖瓦房、第三代的经济型楼房、第四代的高质量楼房(表11-1)。

表11-1　苏北地区农房发展阶段

代际划分	农房名称	主要特征
第一代	土坯房或泥瓦房	建筑材料为土坯、草或瓦,房屋为一层,就地取材。该类农房功能单一,缺乏私密空间,抗震、抗风等抗击自然灾害的能力差
第二代	砖瓦房	砖混结构,墙面是砖,房顶是瓦,房屋为一层。该类农房较为坚固,抗震、抗风等抗击自然灾害的能力大幅度提高
第三代	经济型楼房	楼房是两层或两层以上的房子,钢筋混凝土结构,独栋或联排布局。采光、通风、居住私密性良好,农房居住功能比较完善。抗震、抗风等抵御自然灾害的能力强。该类农房经济实惠,注重实用,轻视房屋的外观装饰和人居环境
第四代	高质量楼房	钢筋混凝土结构,独门独院,私密性强,有庭院和车库。一般独栋布局或联排布局,有统一平面设计。注重房屋外观装饰,重视居住人文环境和绿化环境的营造

1. 第一代农房(即土坯房或泥瓦房)

苏北地处平原地区,砖、石、木等建筑材料缺乏、钱财紧张,农民就地取材,建成的第一代农房普遍是土坯房,墙的内外材料用的都是泥土,屋顶为草或瓦,房屋为一层(图11-1)。该类住房满足挡风遮雨的基本保障功能,居住功能单一,缺乏私密空间,抗震、抗风等抗击自然灾害的能力差。1949年后,苏北地区第一代农房使用了近 40 年。

图 11-1 盐城滨海县振东乡施头庄土坯茅草房
(图片来源:盐阜大众报)

2. 第二代农房(即砖瓦房)

第二代农房是墙面是砖、房顶是瓦的砖混结构。苏北地区该类农房建成于二十世纪八九十年代,该类农房较为坚固,抗震、抗风等抗击自然灾害的能力大幅度提高。房屋为一层,地面水泥硬化,方便打扫冲洗,强调居住的舒适、宽大、卫生和安全功能(图 11-2)。第一、二代农房均是一层,俗称平房,造价适中。

3. 第三代农房(即经济型楼房)

第三代农房是两层或两层以上,钢筋混凝土结构,独栋或联排布局。与第二代农房相比,采光、通风、居住私密性都有大幅度提高,房屋的居住功能比较完善,抗震、抗风等抵御自然灾害的能力强(图 11-3)。该类农房不注重房屋的外观装饰,轻视人居环境建设,这类农房能够彰显房主在当地的经济实力和经济地位。

图 11 - 2 宿迁乡村砖瓦房

图 11 - 3 盐城市建湖县九龙口镇收成新型农村社区
（图片来源：智慧盐城官网）

4. 第四代农房（即高质量楼房）

该类房是第三代农房的升级版，钢筋混凝土结构，独门独院，私密性强，有庭院和车库。一般独栋布局或联排布局，联排农房一般由几户家庭的单元住宅组成，一排二至四层联结在一起，有统一的平面设计和独立的门户，类似城市的经济型别墅（图 11 - 4）。注重房屋外观的装饰设计，重视周边人文环境和绿化环境的营造，体现房主对建筑文化、园林文化的理解和生活品位的追求。

图 11 - 4 盐城市阜宁县新涂村
（图片来源：中国经济信息社江苏中心）

二、苏北美丽宜居乡村建设现状

1. 乡村农房建设与空间布局

从现有农村房屋结构看，苏北乡村农房以二代房为主，农房建筑平面布局简单而实用，以三间两厨、三合院、"二字型"合院和曲尺型院落等形式为主，其占比达到 69%。第三代农房是混合或框架结构的两层及两层以上楼房，功能配套比较齐全，其占比将近为 30%。第一代农房因建成年代久远，现已极少使用，第四代农房因建设成本高，目前占比小。从村庄布局看，苏北农房空间分布地区差异显著。以盐城市为例，市域东部地区呈沿路、沿河的条带状分布为主，西部地区沿水体呈团块状分布为主。原因是村庄农房空间布局与当地平原地貌和河网密布的水系相适应，与当时种植业的产业结构和条田化的生产经营方式相适应，形成了与自然环境和谐共生的居住形态。

2. 农房规划建设与管理

苏北乡村农房建设大致经历了三个阶段：第一阶段是二十世纪七八十年代实施的农村居民点建设，方便农民生产生活，允许农民依河沿路建房；第二阶段是二十世纪九十年代实施的中心村建设，限制农民在原址上新建，要求农民到中心村建房；第三阶段是二十一世纪以来实施的新型社区和集中居住点建设，要求新建农房必须在新型社区或集中居住点内，禁止零散原址新建房屋。苏北地区的乡村农房管理上条块分割显著。通常由地市自然资源和规划局承担农村住房的规划职能，主要负责制定全市镇村布局规划和农房规划管理相关政策。各地市市辖区民房规划管理具体由各县（县级市、区）相关职能部门负责，大部分县（县级市、区）的自然资源和规划局承担本地农房规划管理职能，还有部分县（县级市）并非由规划局负责。以盐城市为例，盐城市自然资源和规划局负责全市农村住房的规划和管理制定，下辖的东台市、阜宁县、滨海县农房规划管理在住建局村镇科（办），响水县农房规划管理在城管局。各县（县级市）的管理部门不统一，沟通协调不畅，上下联动不够的问题比较突出。

三、苏北美丽宜居乡村建设面临的问题

1. 乡村农房质量和面貌差

二十世纪七十年代之前，苏北农村农民大多就地取材，农房普遍以"泥土作墙、草为屋顶"的土坯房为主的第一代房。二十世纪七八十年代掀起了农房建设的热潮，农房以砖木结构为主，实现了农房的"草改砖"升级，形成了苏北农村的准第二代农房，目前这类农房仍是苏北乡村农房的主体。该类型的农房结构相对简单、居住功能单一，安全舒适效果较差，且以一层为主，二层及以上楼房仅占总量的 30%。农房建筑色彩单一，建筑风格上缺乏地方特色，加上农房的房龄较长，房屋破旧甚至成为危房，严重影响了乡村的乡容乡貌，当地政府的危房改造任务相当艰巨（表 11-2）。

表 11－2　盐城市农村危房改造

危房改造项目	危房改造任务	完成时间
农村康居工程B级危房改造	《盐城市农村康居工程建设三年行动方案》要求，完成农村 11 万户左右的 B 级危险房屋改造任务	2018 年
部省级 4 类重点人群危房改造	按照部省级年度下达的农村危房改造目标任务，按时序完成农村危房改造任务	2018—2020 年

资料来源：盐城市城乡建设局(2018 年)。

2. 村庄规划和建设不到位

二十世纪九十年代，苏北五市启动了中心村的规划，村庄农房建设的条件必须符合《村庄建设规划》才能获得审批，这对规范村庄农房建设和管理具有积极意义。但是因为各地村庄规划编制工作的进度较慢，部分地区行政村的《村庄建设规划》迟迟没有完成编制工作，导致相关地区的村庄建设无法可依，无章可循，农民想进集中点建房的合理要求无法实现。另一方面，即使编制完成《村庄建设规划》的行政村，在考虑农民生活、生产和实际需求方面还不够全面。以盐城市为例，盐城市行政村经过了几轮村庄合并，合并后的行政村面积扩大，村庄农户数量有较大幅度增加，但是每个行政村仍然只规划了 1～2 个集中居住点(中心村或规划发展村庄)，布点数量偏少，暴露出村庄规划编制的草率和对乡村现状调查研究的不足。此外，已经规划的中心村基础设施建设投入不足的问题也很突出，盐城市除了 2016 年阜宁县、射阳县遭遇的龙卷风和冰雹特大自然灾害后，加强了对相关中心村基础设施投入，其他地区中心村的基础设施建设普遍存在投入不足的问题。

四、主要原因分析

1. 农房建设政策执行相对教条

二十世纪九十年代后期，农民有了新一轮建房需求，但因大集中规划居住的要求，绝大部分县(县级市、区)出台了本地农村住房建设管理规定，规定不在镇村布局规划的住房只能复建或维修，必须严格落实"三原"原则(即不扩大原占地面积、不扩大原建筑面积、不超出原建筑高度)。2000 年以后,苏南地区的乡村掀起第三轮建房高潮时,盐城市乡村也几乎同步进入了第三轮农房建设的旺盛需求阶段,但是受到盐城市相关政策限制,乡村原址建房一直没有放开,导致全市乡村住房一直停在了第二代,即使个别地方政策执行有所松动,也只是默许认可,导致该类新建农房没有房产证,留下了不少后遗症。

2. 乡村规划科学性和实践性不强

苏北乡村规划起步较晚,始于二十世纪九十年代,当时乡村第一轮建房已全部完成,村庄空间布局也基本形成,针对存在的乡村居住形态过于狭长,公用基础设施投入过大等问题,提出了集中式居住的规划指导思想。虽然在 2000 年之后规划要求有所调整,但是大集中的指导思想一直未变。该轮乡村规划是由地方政府主管部门主导,缺乏对乡村调查研究,没有广泛征求村民的意愿,没有考虑当地村民的生产、生活、居住习惯等因素,因此该轮规划的科学性和实践性不强。此外,适逢政府主管部门职能的调整,将乡村规划与建设职能分离,致使相关规划未能落实,错过了二十世纪九十年代乡村农房建设的高潮,盐城乡村农房建设也失去了升级提档的有利机会。

第二节　苏北环境整治

一、乡村基础设施建设与环境治理

近年来,苏北各市加大了农村基础设施的投入,交通、电力、网络、生活配套设施等建设成效明显,农村生活、生产所需的基础设施建设基本实现全覆盖。2017 年盐城市域的公路总里程超过了 20 000 km,提档升级农村公路 2 880 km,改造桥梁 1 823 座,农村人均道路面积 21.16 m²;供水普及率达

98.08%;燃气普及率(包括使用液化气瓶)达72.6%;农村生活垃圾处理率达99.28%,无害化处理率达55.13%;电力覆盖率达到100%;网络覆盖率约为95%。电力、网络基本实现了村村通(表11-3)。"十三五"期间盐城市实施的村庄环境整治行动,村庄人居环境得到一定改善。目前,由于部分地区长效管护制度落实不到位,农村环境脏、乱、差现象有回潮趋势。

表11-3 2017年盐城市乡村基础设施建设状况

建设项目	建设成果	建设项目	建设成果
乡村公路提档升级	2 880 km	生活垃圾处理率	99.28%
改造桥梁	1 823 座	无害化处理率	55.13%
供水普及率	98.08%	电力覆盖率	100%
燃气普及率	72.60%	网络覆盖率	95%

资料来源:盐城市城乡建设局(2018年)。

二、乡村人居环境质量不高

改革开放以来,苏北乡村的基础设施建设、农业生产方式、产业结构均发生了很大变化,但是乡村的人居环境质量却没有显著提高。原因如下:一是穿过市域乡村的铁路、高速公路、国道、省道、县乡道路和农田设施建设,改变甚至破坏了乡村原有的水系,导致部分地区水流不畅、河水变臭,恶化了乡村人居环境,增加了环境治理的难度和成本(图11-5)。二是乡村农作物的化肥、农药的过量使用,对农田河流造成较为严重的面源污染;农作物秸秆焚烧、畜禽养殖、农田废旧地膜造成了空气污染、水环境污染和土壤污染(图11-6)。三是20世纪90年代,盐城市乡村开展的去杂树、栽意杨的植树活动,适合当地村庄生长的一批本土树种、乡土树种被砍伐,导致村庄房前屋后的绿化树种单一、绿化密度低。目前,盐城市域大中型河流、交通干线道路绿化美化较好,但是对乡村人居环境影响密切的小型河流、乡村道路的绿化重视不够,严重影响了广大乡村人居环境质量。此外,随着农村自来水的普及,农民对河水水质要求大大降低,对乡村河流污染治理的积极性和参与度普遍不高,这种倾向值得重视。

图 11 - 5　泰兴市济川街道众贤村内臭水沟
（图片来源：泰州环保官网）

图 11 - 6　泰兴市河失镇元仙村池塘中漂浮的绿萍和垃圾
（图片来源：泰州环保官网）

三、乡村人居环境的整治策略

1. 创新乡村人居环境治理模式

由于苏北县域经济发展落后,各项基础设施相对陈旧,配套资金缺乏,导致人居环境治理的规划难以落到实处。因此,应当统筹整合苏北各市县各级财政美丽乡村资金使用,强化财政投入保障,设立农村环境治理的专项资金,增加村级转移支付中环境整治资金的比例,合理保障农村人居环境基础设施建设和日常运行资金。同时在推进危房改造、农民就业、村庄规划、城乡基本公共服务均等化等工作中,要将农村人居环境整治统筹考虑,同步推进农村生活垃圾治理、污水治理、厕所粪污治理、村容村貌提升工作。创新政府支持方式,采取以奖代补、先建后补、以工代赈等方式,提高资金使用效率。每年鼓励镇、村两级加大筹资力度,集体经济运营状况良好的村,每年从集体收入中拿出一定比例资金用于环境整治,引导村集体为农村环境做贡献。根据镇、村两级的投资比例,省市县财政制定奖补规划,给人居环境治理好的村庄一定比例的补贴和奖励。

2. 积极调动农民参与乡村环境治理的积极性

农民参与农村人居环境治理缺乏内生动力,主要由于各级财政投入不足,缺少专项资金支持。苏北各县级财政在采取 PPP、BOT 等形式与社会资本进行合作,存在引进企业难和后期监管难等诸多问题。同时在环境治理中,多数农民存在"局外人"现象,认为治理环境是政府的事和自己无关。因此通过宣传教育农民,提高思想觉悟,坚持政府引导,充分发挥农民的主体作用,尊重农民的意愿,调动广大农民的积极性和主动性。可通过开展星级文明户评选、志愿服务活动等形式,培养广大农民自己动手建设美丽家园,让农民成为农村环境整治的受益者、参与者和建设者。

3. 提升乡村人居环境治理与民生福祉的融合度

苏北大部分农村社区卫生环境不达标,农村垃圾处理方式比较粗放,主要以露天存放的形式堆放在低洼废弃地带,而且农村生活污水治理能力较弱，没有污水回用设施。各级政府和有关部门要把环境治理当成是提高民生福祉的一项重大工作，把农村垃圾和污水治理分级分类，制定有效措施，强化县级党委和政府的主体责任，做好项目落地、资金使用、重点任务推进等工作，对实施效果负责。

第三节　苏北社会治理

乡村治理既是国家治理体系的重要组成部分，也是实现乡村振兴战略的基石，以乡村振兴战略"二十个字"为遵循，适应当下农业生产方式日益变革、农村人口结构深刻调整、利益主体和公共事务多元复杂的新形势，坚持党的领导，加强创新农村社会治理，构建现代乡村治理体系，使农村社会充满活力、和谐有序。

一、建设苏北美丽宜居乡村

村庄是乡村聚落的主体，农房是村庄的空间载体，农房及其人居环境品质决定着村容村貌的层次高低。因此，解决乡村农房问题是美丽宜居乡村建设的核心和关键。苏南、浙江等经济发达地区已经进入第四代农房为主体的建设阶段，而目前盐城市第二代农房占农村住房总数的50％以上，且均为泥砖泥瓦、建筑外观无任何装饰，成为影响农村面貌最突出的因素。对乡村农房改造和提档升级既是建设美丽宜居乡村的需要，也是改善民生的现实要求。确定农房提档升级目标之前，首先要扎实开展乡村调查研究，充分尊重村民意愿，充分考虑村民的生产、生活和居住习惯，充分调动宅基地主体建房的主动性和积极性，让他们成为新一轮美丽宜居乡村建设的主体，成为全过程参与的建设者、管理者和受益者。近年来，盐城市周边的南通海门、扬州宝应等县（市）根据当地实际，对原来乡村住房政策进行了修订，目前这三个县（市）楼房比例均达到70％以上，乡村面貌得到大幅度改善,这三个县(市)与盐城市乡村情况相似,值得学习和借鉴。人居环境建设方面,要加强乡村的环境治理,加快推进乡村生活污水处理(图 11 - 7)、垃圾分类处理、畜禽粪便和农作物秸秆综合利用,有效减少化肥农药使用量,加强乡村沟河疏浚治理,净化农村生态环境,改善乡村人居环境。

图 11 - 7　泰州市周棚村垃圾分类
(图片来源:泰州市海陵区人民政府官网)

二、突出地域特色,乡村规划分类推进

建设美丽宜居乡村,不是建设缩小版城市,乡村就要有乡村的特色,不能用城市的思维去规划乡村,不能照搬城市的模式建设乡村,否则会导致乡村不像乡村,城市不像城市。建设美丽宜居乡村,允许乡村差异化发展,防止简单复制城市,要坚持突出地域特色、分类推进的原则。具体表现为第一类是形成于二十世纪七八十年代的村庄,空间分布沿河、沿路呈"非"字型布局,是适应当时沿海地区农业生产条田化的居住形式,顺应生产生活需求而选择的,是人与自然和谐相处的结果,已形成一定的居住文化,对于这类村庄规划要充分尊重乡村的自然机理和历史文脉,把挖掘村庄风貌和现代发展元素相结合。第二类比如盐城市要充分挖掘盐文化、红色文化、麋鹿文化、丹顶鹤文化,体现沿海特点、里下河风光和黄河故道特

色,这类规划要体现盐城的地域特色和时代特征,提炼盐城传统乡村特色民居元素,突出田园风光,注重体现乡愁记忆的地标、生活环境、社会文化和居住习惯的多样元素,让山水林田路房成为承载乡愁的记忆符号。苏北乡村拥有丰富的红色文化资源,加强苏北乡村红色资源的活化利用,激活红色记忆,发扬红色文化。以泰兴市曲霞镇印达村为例(图 11-8),印达村作为一个以革命烈士命名的村庄,以乡村旅游、红色文化传承为发展方向,助力特色田园乡村创建,彰显"红色印达,美好生活"特色,促进生产、生活、生态与革命传统教育深度融合,通过组建红色文艺宣传队,唱红歌、绣红旗、把印达烈士的事迹用歌剧的形式展示,做"活"红色文化品牌。第三类比如盐城要结合农区特点、沿海林场和地方特色,规划培育特色田园村庄、森林村庄和其他特色村庄,发挥乡村本土专家作用,用好乡土建设材料,注重乡村环境的营造。第四类对于一代农房、二代农房的建筑色彩单一,房屋破旧,缺乏个性和地方特色,人居环境差,零散杂乱分布的缺点,规划要引导集中居住(图 11-9)。

图 11-8　乡村中红色印记——泰兴市曲霞镇印达村
(图片来源:江苏乡村建设行动公众号)

图 11－9　盐都区大纵湖镇三官新型农村社区
（图片来源：盐阜发布官网）

三、加快三产融合，促进农业经营现代化

加快乡村三产融合，促进农业经营现代化，以特色产业带动村民"乐业"，是美丽宜居乡村成功建成的重要保障。在国家政策和财政支持下，最大限度发挥村民的自主性和创造性，在强化农业基本建设的基础上，推进村民合作和经营联合，提高经营水平，培育多元化乡村产业融合主体，包括新型职业农民、农民合作社、家庭农场、农业产业化龙头企业、行业协会和产业联盟等，促进乡村利益主体多元化。通过重构多种形式的利益联结，改变村民就业结构、职业结构、收入结构，使乡村民生不断改善。时下，行走于淮阴区太山村会发现该地乡村旅游、现代农业、特色养殖业、手工业等产业已实现融合发展。当地村党总支书记夏继军表示，太山村通过重点打造"百合园"农旅项目，现已有桃子、樱桃、李子等数十个果树园，并带动了周边六十多户村民实现就地就业（图 11－10）。2020 年，太山村成功入选为"江苏省特色田园乡村"，以太山村成功经验为基础，将产业、人才、文化、生态等融合发展，"生态优、村庄美、产业特、农民富、集体强、乡风好"的特色田园乡村逐步呈现。

鼓励对小规模零散土地的整治，为大规模实行机械化奠定基础。政府

图 11-10　村民在太山村百合园劳作
（图片来源:江苏乡村建设行动公众号）

主管部门要将提高农业经营现代化水平放到优先地位,确保对乡村基础设施的投资,优化原有的条田化、疏浚农田沟渠排灌,确保完成对机耕路、断头路等农用道路及农业防灾等基础设施建设,稳步推进农业现代化的产前、产中、产后全产业链的新型业态和与之匹配的生产、加工体系、仓储物流体系、产地营销体系建设,促进三产融合的"产业链"的形成,推动乡村由传统产业向现代产业体系转变,充分调动广大村民建设美丽宜居家乡的主动性和积极性。

四、强化政策引领,加大集中居住点的投入与管制

根据苏北乡村实际,修订完善农村住房建设管理办法,出台切合盐城农村实际的建设管理办法和实施意见。积极探索乡村的"三权改革",通过确权、赋权、活权,促进农村集体产权的有序流转,保护村民的合法权益。要从制度和政策上彻底纠正乡村环境治理缺乏系统性规划、村庄布局规划考虑人居环境因素较少的倾向。在美丽宜居乡村建设中,注重政府引导,避免大拆大建,甚至推倒重来,避免乡村大量基础设施的重复建设,要发挥政府的组织推动作用,但不能搞"大包大揽"。对农房质量和布局方面要科学规划、严格管理,在乡村集中居住点建房,村民可以自己决定内部结构、装修等,但是住房的选址、地基处理、建筑结构、建筑材料、施工单位资质、施工图纸和

审批、建房时间、建房面积、房屋外观等方面政府必须严格管制。要加大乡村集中居住点内的医疗卫生、教育文化等公共服务的投入,把乡村集中居住点建成具有魅力的舒畅的生活空间(图 11 - 11)。

图 11 - 11　盐城盐都区盐渎街道花吉村数字社区
(图片来源:盐城发布官网)

<table>
<tr><td>第四节</td><td colspan="2">数字平台建设美丽乡村</td></tr>
</table>

　　2020 年 8 月,盐城师范学院城市与规划学院院长李传武教授负责的江苏省教育厅重点基地"苏北农业农村现代化研究院"成功立项;2020 年 9 月,李传武教授负责的盐城市重点智库"城乡融合发展研究院"成功立项。依托这两个平台,对苏北传统民居、传统街巷、典型村庄、集中居住区进行 DEM 建模并进行动态展示。

　　本节相关数字化资料,请微信扫描下方二维码获取。

知识窗

- ◉ 苏北美丽乡村
- ◉ 奏响乡村振兴曲
- ◉ 乡村人居环境改善
- ◉ 美丽乡村"康居工程"

【参考文献】

[1] 周岚,赵庆红.田园乡村:特色田园乡村建设——乡村振兴的江苏实践[M].北京:中国建筑工业出版社,2020.

[2] 周岚,崔曙平,曲秀丽.特色田园乡村:乡村建设行动的江苏实践[J].城乡建设,2021(6):16-27.

[3] 李传武,吴其江.苏北地区美丽宜居乡村建设的探讨——以盐城市为例[J].盐城师范学院学报(人文社会科学版),2018,38(5):19-23.

[4] 陈健,刘江斌,李松华,等.苏北农房易损性分析研究[J].防灾科技学院学报,2008,10(1):55-60.

[5] 纪明媚,丁炜.集中居住背景下农民拆迁安置住房精细化与适应性设计策略[J].城市住宅,2019,26(4):60-63.

[6] 袁昊旻,浦雨琳,胡鑫祺,等.乡村振兴战略下苏北特色田园乡村景观设计——以宿迁市肖桥村为例[J].安徽农学通报,2021,27(1):14-16.

[7] 顾杰,徐建春,卢珂.新农村建设背景下中国农村住房发展:成就与挑战[J].中国人口·资源与环境,2013,23(9):62-68.

[8] 周岚,于春.乡村规划建设的国际经验和江苏实践的专业思考[J].国际城市规划,2014,29(6):1-7.

[9] 丁宬宇,李志明.乡村振兴背景下渔业村发展路径研究——以淮安市北山村为例[J].艺术科技,2020,33(24):159-160.

[10] 包咏菲.苏北农房改善:做实高水平全面小康[J].群众,2020(3):54-56.

[11] 丁蕾.江苏省特色田园乡村试点村庄特征及建设路径研究[J].城乡建设,2021(1):55-58.

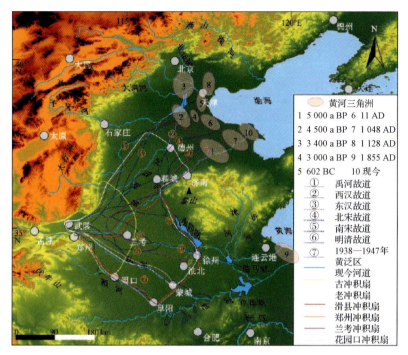

图1-2 黄河贯通、冲积扇的形成及三角洲的发育

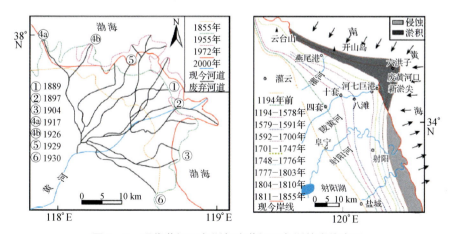

图1-3 现代黄河三角洲与废黄河三角洲的岸线变迁

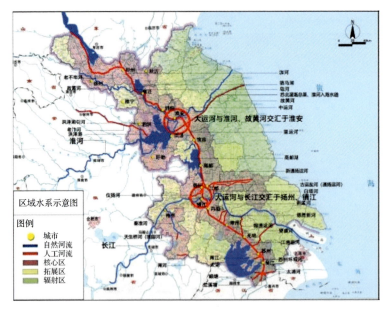

图 6‑2　江苏省大运河河道水系治理管护规划

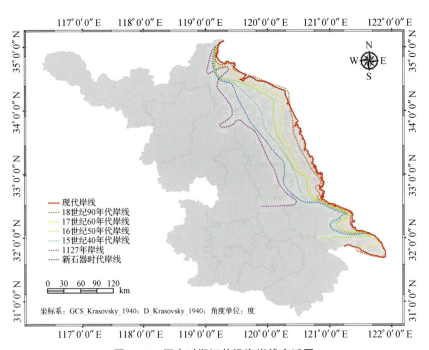

图 7‑2　历史时期江苏沿海岸线变迁图